La tête
d'un homme

Georges Simenon

Adaptation du texte : Charles Milou

FRANÇAIS LANGUE ÉTRANGÈRE

Audio

Durée : 2 h 25

Format : MP3

Piste 1	*Chapitre 1*
Piste 2	*Chapitre 2*
Piste 3	*Chapitre 3*
Piste 4	*Chapitre 4*
Piste 5	*Chapitre 5*
Piste 6	*Chapitre 6*
Piste 7	*Chapitre 7*
Piste 8	*Chapitre 8*
Piste 9	*Chapitre 9*

Adaptation du texte : Charles Milou

Rédaction du dossier pédagogique : Bernadette Bazelle-Shahmaei

Édition : Christine Delormeau

Maquette de couverture : Nicolas Piroux

Illustration de couverture : Nicolas Piroux

Maquette intérieure : Sophie Fournier-Villiot (Amarante)

Mise en pages : Atelier des 2 Ormeaux

Illustrations : Benoît Springer

Enregistrements : LBP Studio, Malek Duchêne

Comédien : Michel Raimbault

Pour Hachette Éducation, le principe est d'utiliser des papiers composés de fibres naturelles, renouvelables, recyclables, fabriqués à partir de bois issus de forêts qui adoptent un système d'aménagement durable.
En outre, Hachette Éducation attend de ses fournisseurs de papier qu'ils s'inscrivent dans une démarche de certification environnementale reconnue.

SOMMAIRE

L'ŒUVRE

ACTIVITÉS

SOMMAIRE

CHAPITRE 1

Un prisonnier[1] s'évade[2]

On entendit, très loin, sonner deux heures. Le prisonnier numéro 9 était assis sur son lit. On voyait surtout ses grandes mains aux doigts maigres qui serraient ses genoux repliés.

Une minute, peut-être deux, il resta immobile[3] puis il se mit debout devant son lit ; on voyait mieux ainsi ce grand corps mal dessiné, tête trop grosse, bras trop longs, poitrine creuse. Aucune pensée ne se lisait sur ce visage triste. Un moment, il tourna lentement la tête vers le mur de droite et tendit le poing.

Là, de l'autre côté, comme dans quatre autres pièces toutes pareilles, un homme attendait. Il attendait le groupe d'hommes habillés de noir qui viendrait, tôt le matin, pour le conduire à la mort.

C'est que, depuis cinq jours qu'il était là, et toutes les cinq minutes, le condamné[4] numéro 10 pleurait, criait, hurlait[5]. Du couloir, des cours, de toute cette grande prison[6], aucun bruit n'arrivait. Seuls s'entendaient les cris du numéro 10.

Lentement, le numéro 9 s'était levé. Il s'approcha de la porte. Jour et nuit, le couloir était éclairé.

Toutes les heures, un gardien[7] passait pour voir si les condamnés étaient toujours là.

---

1 Prisonnier : celui qui est en prison.
2 S'évader : s'échapper de la prison.
3 Immobile : sans bouger.
4 Condamné : celui qui est puni par la Justice.
5 Hurler : crier très fort.
6 Prison : endroit où on garde les condamnés, les prisonniers.
7 Gardien : celui qui garde, qui surveille.

Le numéro 10 avait recommencé à hurler. Pris d'un mouvement de colère, le 9 frappa la porte du pied… et la porte s'ouvrit ! Au bout du couloir, la chaise du gardien était bien là, mais vide…

Alors l'homme se mit à marcher très vite, plié en deux, le regard fou. Trois fois, il revint sur ses pas parce qu'il s'était trompé de chemin.

Au fond d'un couloir, il entendit parler et rire : des gardiens, sans doute, qui se reposaient entre deux surveillances[8].

Enfin, il arriva dans une cour ; il faisait nuit mais il reconnut l'endroit qu'il avait traversé en entrant à la prison. À cent mètres de là, un agent allait et venait devant la porte. Là-haut, une fenêtre était éclairée ; on voyait l'ombre d'un homme penché sur un bureau.

---

8 La surveillance : ici, le temps pendant lequel les gardiens font leur travail. Entre deux surveillances, les gardiens se reposent.

Le numéro 9 s'était arrêté ; il pensait à la lettre qu'il avait trouvée, trois jours plus tôt, collée au fond de son assiette ; il l'avait lue et relue plus de vingt fois. Ce matin encore, les yeux fermés, il en voyait chaque mot, et voilà que maintenant tout se mêlait dans sa pauvre tête !

Il allait le long du mur, s'arrêtait au plus léger bruit, repartant vers la gauche, puis vers la droite, sans savoir…

* *

*

De l'autre côté du mur, à moins de cinquante mètres du prisonnier, un groupe d'hommes attendait. Et un de ces hommes était le commissaire Maigret. Debout, les mains dans les poches de son manteau, immobile et aussi tranquille qu'à son bureau, il attendait.

Mais, de temps en temps, le feu de sa pipe éclairait son visage. Dix fois, sa main s'était posée sur l'épaule du juge Coméliau, pour le ramener au calme. Près d'eux se tenait Monsieur Gassier, directeur de la prison. On voyait, à son air, que Monsieur le Directeur aurait préféré être dans son lit…

Il faisait de plus en plus froid. Allait-on attendre encore longtemps ? De l'autre côté du mur, on entendait le prisonnier qui cherchait toujours sa route.

Les trois hommes, maintenant, étaient inquiets[9] : il fallait que leur évadé trouve la sortie avant que les gardiens ne le rattrapent ! Mais le prisonnier ne trouvait toujours pas le paquet de vêtements et la corde que Maigret avait fait placer pour lui, au pied du mur…

Le directeur de la prison avait un mauvais sourire : il n'était pour rien dans cette folle histoire, c'était bien clair ! Le juge Coméliau, lui, ne souriait pas mais il avait du mal à garder son calme. Seul Maigret ne semblait pas inquiet.

---

9 Inquiet : qui sent venir le danger, qui n'est pas tranquille.

Et tout d'un coup, les trois hommes levèrent la tête en même temps : là-bas, la corde remuait… Bientôt, on vit quelque chose paraître en haut du mur : c'était le visage du 9.

En bas, les trois hommes attendaient. Le prisonnier était-il fatigué ? Il n'en finissait pas de monter.

« Mais enfin, qu'est-ce qu'il fait ? », demanda le juge.

Maigret, d'un geste[10], le fit taire. Maintenant, l'homme était à cheval sur le mur. Il tira la corde à lui puis la laissa tomber vers la rue. Lentement, il descendit…

« Quand je pense, dit le juge à Maigret, que vous nous avez demandé de laisser cet assassin[11] s'évader et que j'ai dit oui ! J'espère que vous ne vous êtes pas trompé dans vos plans[12]… que vous allez pouvoir suivre cet homme et qu'il ne vous échappera pas, car moi, je continue de penser que Heurtin est coupable[13]. »

Maigret ne répondit pas ; il se tourna vers les deux hommes et leur serra la main, en silence. Quand ils furent partis, il marcha le long du mur dans la direction prise par Heurtin. Au coin de la rue, il vit un de ses agents.

« Tu l'as vu passer ? demanda Maigret.

— Oui, il est parti dans cette direction. Dufour et l'inspecteur Janvier le suivent.

— Très bien, tu peux aller dormir. »

* *

*

---

10 Geste : mouvement que l'on fait avec le bras et la main.
11 Assassin : celui qui a tué et que la police recherche.
12 Plan : dessin ou notes qui préparent ce qu'on va faire.
13 Coupable : qui a fait quelque chose de mal.

Il était quatre heures du matin quand Maigret poussa la porte de son bureau, quai des Orfèvres. Il enleva son manteau et se laissa tomber sur son fauteuil. En face de lui, il y avait un gros cahier ; sur la couverture, en grosses lettres, on pouvait lire :

« *AFFAIRE HEURTIN* »

À l'intérieur, il y avait toute l'enquête[14], des notes[15], des photos, des pages de journaux. Une de ces pages portait en tête :

JOSEPH HEURTIN, L'ASSASSIN DE MADAME HENDERSON ET DE SA DOMESTIQUE[16], A ÉTÉ CONDAMNÉ À MORT.

Plus loin, on lisait :

Joseph Heurtin, 27 ans, employé chez monsieur Gérard, fleuriste[17] … double crime à Saint-Cloud, chez une riche Américaine... Le commissaire Maigret, de la Police judiciaire, vient d'arrêter[18] l'assassin de Madame Henderson...

Comme Maigret refermait le cahier, le téléphone sonna.

« Allô ! Dufour ?

— Oui, patron, c'est moi.

— Eh bien ?

— Rien de nouveau. Janvier le surveille toujours.

— Où est-il ?

— Dans un petit café, une auberge[19] au bord de la Seine. Ça s'appelle La Citanguette mais ce serait trop long à raconter. Je prends un taxi et j'arrive. »

Maigret était en train de prendre une tasse de café quand Dufour entra.

« Tu as pris ton petit-déjeuner ?

---

14 Enquête : Ex. : faire une enquête : chercher à savoir tout ce qu'a fait quelqu'un.
15 Note : un écrit où on donne quelques informations.
16 Domestique : employé qui fait les travaux de la maison.
17 Fleuriste : marchand de fleurs.
18 Arrêter : prendre quelqu'un pour le mettre en prison.
19 Auberge : petit hôtel restaurant à la campagne.

— Oui, à La Citanguette. Je vous ai dit ? C'est près d'Issy-les-Moulineaux.

— Et vous avez fait tout ce chemin à pied ?

— À pied, patron. Il marchait comme un homme qui a bu et qui ne sait plus où il va. On a traversé je ne sais combien de rues ! Janvier les a notées, et aussi tout ce qu'il a fait.

— Heurtin a vu qu'il était suivi ?

— Je ne crois pas. Il marchait sans se retourner, les cheveux au vent comme un fou.

— Et personne ne lui a parlé ?

— Personne. Il est entré deux fois dans un café, puis il a suivi la Seine. Deux ou trois fois aussi, il s'est arrêté pour regarder les bateaux sur la rivière. Et quand il repartait, il allait toujours tout droit devant lui, sans rien regarder. Enfin, on est arrivé à La Citanguette, une petite auberge où vont les pêcheurs et aussi les ouvriers d'une usine voisine. Je suis entré derrière lui ; il a commandé un café et deux œufs ; ensuite, il a dit au patron de lui donner une chambre et on l'a conduit au premier étage. Quand le patron est redescendu, je lui ai dit que j'étais de la police et que je voulais savoir qui était cet homme et ce qu'il faisait là-haut. Il m'a répondu qu'il ne le connaissait pas et que l'homme s'était couché sur le lit sans même fermer la porte et sans enlever ses chaussures.

— Janvier est resté là-bas ?

— Oui.

— À tous les deux, vous allez le surveiller[20] sans arrêt. Pensez à ce que dira le juge si nous le perdons !

— Oh ! Patron !

— Je sais que vous connaissez votre travail. Mais c'est ma place que je joue dans cette affaire : que l'homme s'échappe et je n'ai plus qu'à changer de métier… »

---

20 Surveiller : regarder partout pour voir si tout va bien.

CHAPITRE **2**

L'HOMME QUI DORT

Il était onze heures. Maigret, le matin, avait vu le juge Coméliau pour lui dire que tout allait bien. Maintenant, il se trouvait dans le quartier d'Auteuil, au bord de la Seine. D'où il était, de l'autre côté de l'eau, il pouvait voir La Citanguette. Voir sans être vu, car Heurtin connaissait Maigret ; or il fallait que « l'évadé » se croie tout à fait libre…

Maigret avait tout de suite reconnu La Citanguette. C'était facile car la maison s'élevait, toute seule, peinte en rouge, sur une place vide où ne poussaient que de mauvaises herbes. Sur un des murs, on lisait :

ON SERT À MANGER À TOUTE HEURE

et sur un autre :

VIN ET BIÈRE
ON DANSE LE SAMEDI ET LE DIMANCHE

Un peu plus loin, au bord de la Seine, des travailleurs vidaient un bateau. De temps en temps, l'un ou l'autre entrait à La Citanguette, prenait un verre de vin, et retournait au travail.

Longtemps, Maigret resta debout, regardant ce qui se passait de l'autre côté de la Seine. L'affaire n'allait pas mal mais il se sentait, tout d'un coup, triste et fatigué. Maigret se retourna ; à quelques pas de là, il y avait un hôtel. Il entra et demanda une chambre avec fenêtre ouvrant sur la Seine.

De cette fenêtre, on voyait très bien l'auberge d'en face. Il y avait trois chambres au premier étage. Dans l'une d'elles, Maigret savait qu'un homme dormait. Mais, en vérité, dormait-il ?

Le commissaire prit le téléphone.

« Allô ! Le bureau de l'hôtel ? Appelez-moi le patron de l'auberge d'en face…

« Allô ! La Citanguette ? Passez-moi le client qui est assis dans votre salle et qui lit le journal. »

De sa fenêtre, Maigret voyait très bien le policier.

« Allô ! Dufour, c'est toi ?

– Oui patron.

– Je suis en face, à l'hôtel que tu vois de l'autre côté de la Seine… Que fait notre homme ?

– Je viens de monter jusqu'à sa chambre : il dort.

– Tu as fait le tour de la maison ? Combien de portes ?

– Deux, la grande porte d'entrée et une petite qui donne derrière, sur une cour. Janvier la surveille.

– Ça va. Vous déjeunerez là-bas, chacun à votre tour. Je téléphonerai dans un moment. »

Maigret se fit apporter de la bière et du tabac. Il savait qu'il faudrait attendre longtemps.

*   *
*

À trois heures de l'après-midi, il était toujours à la même place. La bouteille de bière était vide et ça sentait très fort la pipe. Il avait laissé tomber par terre les journaux du matin où on lisait, en gros titre :

UN CONDAMNÉ À MORT
S'ÉVADE DE PRISON

À trois heures trente, Maigret appela La Citanguette.

« Allô ! Dufour ? Du nouveau ?

– Non, l'homme dort toujours mais le juge vous a appelé.

– Bon, je vais voir ce qu'il veut. »

Quelques minutes plus tard, il avait le juge Coméliau au bout du fil.

« Allô ! C'est vous, commissaire ? Je vous cherche depuis ce matin.

— Quelque chose ne va pas ?

— Je me demande si j'ai bien fait de vous croire ; je sens que nous allons avoir de gros ennuis[1]…

— De gros ennuis ? Mais notre homme est là, sous nos yeux ; et le ministre de la Justice[2] lui-même nous a donné son accord !

— Vous avez lu les journaux ?

— Oui, ils ont écrit ce que vous leur avez dit, c'est très bien.

— Oui, mais l'article[3] du *Sifflet*, vous l'avez lu ?

— Le *Sifflet* n'est pas un journal sérieux.

— Pas sérieux peut-être mais écoutez ça :

---

1 Ennuis : choses qui rendent la vie plus difficile.
2 Le ministre de la Justice : celui qui, au gouvernement, s'occupe de la justice.
3 Article : ce qu'un journaliste écrit pour un journal.

QUAND LA POLICE AIDE LES ASSASSINS

« *Les journaux de ce matin nous apprennent qu'un condamné à mort, Joseph Heurtin, s'est évadé de la prison. Du moins c'est ce que la police et peut-être le gouvernement veulent faire croire. Or nous savons que c'est la police elle-même, avec l'accord de la Justice, qui a fait évader Heurtin. Qui trompe-t-on avec cette comédie*[4] *? Cette évasion est une chose sans exemple dans l'histoire de la police française.* »

Maigret avait écouté jusqu'au bout sans rien dire.

« Alors, qu'est-ce que vous pensez de ça ?

— Je pense que ça montre que j'ai raison. Le *Sifflet* n'a pas trouvé ça tout seul ; il y a donc quelqu'un que cette évasion inquiète. Tout va bien, Monsieur le juge.

— Vous trouvez ? Et si toute la presse de midi redonne l'information[5] ?

— Eh bien, ça fera du bruit dans les bureaux pendant quelques heures. La tête d'un homme vaut bien ça ! »

Cinq minutes plus tard, Maigret téléphonait à la Police judiciaire.

« Allô ! L'inspecteur[6] Lucas ? J'ai besoin de vous, vieux, et c'est très pressé ; voilà, il faut que vous alliez trouver le directeur du *Sifflet* et lui faire dire où il a pris l'information de ce matin. Si c'est une lettre qu'on lui a envoyée, apportez-la-moi ici. »

Debout devant la fenêtre, Maigret pensait à l'homme qui dormait là-bas. Il avait connu Heurtin en juillet, le jour où, quarante-huit heures après le crime de Saint-Cloud, il lui avait mis la main sur l'épaule en disant : « Suis-moi, petit… du calme. »

C'était rue Monsieur-le-Prince, dans une petite chambre, au sixième étage.

---

4 Article : ce qu'un journaliste écrit pour un journal.
5 Information : ce qu'on apprend sur quelque chose.
6 Inspecteur de police : celui qui aide le commissaire.

Maigret avait interrogé les voisins.

« Un garçon poli, tranquille, travailleur. Cependant, quelquefois, il passait sans vous regarder, perdu dans ses pensées.

— Des amis venaient chez lui ?

— Personne et il rentrait toujours très tôt le soir. »

Pourtant, Maigret savait que, le mercredi, il était rentré à quatre heures du matin. Quelqu'un l'avait vu monter. Or, ce mercredi, c'était le jour du crime. Et le médecin avait dit que les deux femmes étaient mortes entre deux heures et deux heures et demie du matin.

Mais on avait bien d'autres preuves[7] contre lui. À minuit, Heurtin avait bu plusieurs verres d'alcool dans un café, à moins d'un kilomètre de la maison des Henderson.

Madame Henderson, riche Américaine, habitait là depuis plusieurs années, seule avec une vieille domestique. Deux fois par semaine, un jardinier venait soigner les arbres et les fleurs de Madame Henderson. Il arrivait toujours tôt le matin et, à huit heures, on l'appelait pour prendre une tasse de café, c'était l'habitude.

Or, ce jeudi-là, personne n'était venu ; vers neuf heures, voyant que rien ne bougeait[8] dans la maison, il avait frappé à la porte. Pas de réponse. C'est alors qu'il avait téléphoné à la police.

Un peu plus tard, on trouvait les deux femmes dans leur chambre, frappées à la poitrine de plusieurs coups de couteaux. L'assassin n'avait pas cherché à cacher son crime : il y avait des traces[9] partout. Traces de pas sur le sol, traces de doigts sur les draps. Oui, les preuves ne manquaient pas !

---

7 Preuve : ce qui montre qu'une chose est bien vraie.

8 Bouger : remuer, changer de place. Ici, la maison est restée silencieuse comme s'il n'y avait personne à l'intérieur.

9 Trace : ce que l'on voit sur le sol quand on a marché ou sur quelque chose qu'on a touché ou sali.

Aussi, il n'avait pas fallu plus de deux jours d'enquête à Maigret pour retrouver le criminel[10].

« Pourquoi as-tu fait ça ?

— Je n'ai pas tué.

— Qui t'a donné l'adresse de Madame Henderson ?

— Je n'ai pas tué.

— Qu'est-ce que tu faisais dans sa maison à deux heures du matin ?

— Je ne sais pas. »

Il avait une grosse tête, la peau très grise et les yeux fatigués et rougis d'un homme qui n'a pas dormi depuis plusieurs jours. À toutes les questions, il répondait : « Je n'ai pas tué. »

On fit venir un médecin. Il dit que Heurtin, sans être très intelligent, n'était pas fou. Alors, cette lourde machine qu'on appelle la Justice s'était mise en marche. Et Heurtin avait été condamné à mort.

Mais, pour Maigret, cette affaire n'était pas claire. Bien sûr, Heurtin semblait coupable, toutes les preuves étaient contre lui. Mais pourquoi avait-il tué ? Il n'avait rien volé dans la maison de la victime[11], Heurtin ne la connaissait pas. Rien dans la vie passée du jeune homme ne pouvait expliquer son crime. Tous les patrons qu'il avait eus disaient que c'était un employé travailleur et honnête[12]. Il n'avait pas beaucoup d'amis et ne semblait aimer que deux choses : la lecture et le cinéma.

« Il y a quelque chose qui ne va pas, disait Maigret au juge Coméliau, on ne tue pas comme ça, pour rien, de façon aussi bête. Ou il est fou, ou il est innocent[13].

---

10 Criminel : celui qui a fait une très grosse faute, un crime, et qui est puni de mort ou de prison.

11 Victime : celui ou celle à qui les choses ou les gens ont fait du mal.

12 Honnête : qui se conduit toujours bien.

13 Innocent : qui n'est pas coupable.

— Oui, mais les juges l'ont condamné ; on ne peut pas revenir là-dessus.

— Des juges peuvent se tromper, ça s'est déjà vu... Je suis sûr que nous n'avons pas arrêté le vrai coupable, celui qui a obligé Heurtin à tuer et qui maintenant le force à se taire... Écoutez, j'ai une idée... »

Et Maigret avait expliqué son plan.

« C'est du cinéma ! avait dit le juge.

— C'est la seule façon de connaître la vérité. »

Quand Maigret avait une idée, il la tenait bien. Dix fois il revint chez le juge qui donna enfin son accord après avoir reçu celui du ministre.

Et Maigret écrivit la lettre qu'on colla sous l'assiette du condamné. Celui-ci l'avait lue et n'avait rien dit.

« Donc, cela ne l'étonne pas, dit Maigret. Donc il attendait l'aide de quelqu'un et ce quelqu'un il faut le trouver !

— Et s'il n'attendait rien du tout ? S'il se moquait de vous ? S'il s'échappait[14] ? Vous jouez votre place, commissaire, ne l'oubliez pas !

— Dans ce jeu, il y a aussi la tête d'un homme », dit Maigret.

---

14 S'échapper : se sauver.

CHAPITRE 3

Le journal déchiré

M aigret était assis dans un fauteuil, en face de La Citanguette, de l'autre côté de la Seine. De temps en temps, il se levait et jetait un coup d'œil par la fenêtre.

On frappa à la porte. C'était l'inspecteur Lucas. Il voyait à peine Maigret tellement la fumée de pipe était épaisse.

« Du nouveau ? demanda Maigret.

– Du nouveau, mais rien d'intéressant. Le directeur du *Sifflet* a fini par me donner une lettre qu'il a reçue ce matin et où l'évasion de Heurtin est expliquée.

– Donne… »

Maigret regardait la feuille de papier salie ; on avait coupé le haut de la feuille sans doute pour qu'on ne voie pas d'où ça venait.

« Je suis sûr qu'on a écrit ça dans un café, dit Maigret. Il faut voir Moers, au laboratoire[1] de la Police judiciaire : il connaît les papiers à lettres de tous les cafés de Paris.

– C'est ce que j'ai fait patron, dit Lucas.

– Et alors ?

– Eh bien, Moers est presque sûr que cela vient de La Coupole, quartier Montparnasse. Malheureusement, il passe plus de mille personnes par jour à La Coupole et une bonne cinquantaine de clients demandent de quoi écrire.

– Il a regardé l'écriture ? Qu'est-ce qu'il en pense ?

---

1 Laboratoire : endroit où l'on fait des analyses scientifiques.

— Encore rien. Il a dit de lui rapporter la lettre, il va l'étudier. »

Maigret était revenu à la fenêtre ; il y voyait assez bien ce qui se passait dans la grande salle de La Citanguette. Et il reconnut tout de suite Heurtin qui venait de s'asseoir à une table. C'est à ce moment qu'un marchand de journaux entra dans le café. Maigret le vit qui posait une feuille sur la table voisine de celle de Heurtin.

« Lucas, est-ce que les journaux du soir donnent les informations du *Sifflet* ?

— Je ne les ai pas lus mais je pense que oui. »

Maigret sauta sur le téléphone.

« Donnez-moi La Citanguette… vite. »

De l'autre côté de la Seine, le patron du café allait vers Heurtin, sans doute pour lui demander ce qu'il voulait boire.

« Allô ! Dufour ?… Attention, vieux, il y a un journal à côté de sa table, il ne faut pas qu'il le lise. Ça mettrait tout notre plan par terre !

— Bien, patron. »

Et justement, Heurtin venait de prendre le journal. Dans le même moment, le patron du café posa un verre de bière devant Heurtin et Dufour prit le journal.

« Pardon, ceci est à moi. »

Heurtin le regarda, la main sur le journal. Il se leva lentement et tout à coup, prenant une bouteille qui était sur la table, il en donna un coup terrible sur la tête de Dufour.

Le policier tomba en avant. Il y eut des cris, les clients se levaient. L'un d'eux avait pris Heurtin aux épaules mais l'homme était comme fou et il avait toujours la bouteille à la main. Il se retourna et la lança sur la lampe électrique qu'il frappa en plein. D'où il était, Maigret ne voyait plus rien. Puis il vit un éclair, comme un coup de revolver[2].

---

[2] Revolver : petite arme à feu avec laquelle on tire des balles.

« Lucas, prends un taxi, va vite là-bas. »

Mais il savait que Lucas arriverait trop tard : descendre dans la rue, trouver un taxi, passer le premier pont sur la Seine, qui était à un bon kilomètre de là... Dans la grande salle de La Citanguette, on avait remis la lumière. Des gens se penchaient sur un corps couché à terre.

À ce moment, le téléphone sonna dans la chambre de Maigret.

« Allô ! C'est vous, commissaire ? Ici le juge Coméliau... Je suis chez moi, oui... Je voudrais savoir si tout va bien... Allô ! Vous m'entendez ? »

Maigret se taisait.

« Allô ! Vous avez lu les journaux ? Tous donnent l'information du *Sifflet*. Enfin, si tout va bien où vous êtes...

– Tout va bien », hurla Maigret.

Et il reposa le téléphone puis il appela La Citanguette.

« Allô ! Lucas ? Notre homme s'est échappé ?

— Oui, je suis arrivé trop tard.

— Et Dufour ?

— Il a reçu un bon coup, mais ça va mieux maintenant.

— Il y a eu un coup de revolver ?

— Oui, mais personne ne sait qui a tiré. »

Déjà deux voitures de police arrivaient près de La Citanguette. La chasse à l'homme allait commencer, une chasse qui n'avait pas grande chance de réussir. Maigret descendit, paya sa chambre et se mit à marcher lentement vers le pont. Il chercha sa pipe et ne la trouva pas, il l'avait sans doute oubliée dans sa chambre.

« Tout va mal ce matin, se dit Maigret, et ce n'est peut-être pas fini… »

La nuit, maintenant, était tombée. Autour de La Citanguette, des agents allaient et venaient, la lampe électrique à la main. Maigret avait fait interroger les clients du café ; aucun n'était suspect[3]. Dans un coin de la salle, on avait retrouvé le revolver, c'était celui de Dufour. Sur le journal déchiré, il y avait aussi deux traces de sang : donc, l'homme était blessé.

Une voiture avait emmené Dufour à l'hôpital. Maintenant, Maigret était assis en face de Lucas et de Janvier qui avait cherché, lui aussi, et était revenu à La Citanguette avec de la terre jusqu'à mi-jambe !

---

3   Suspect : quelqu'un qui est peut-être coupable, mais on n'en est pas sûr.

CHAPITRE 4

À LA COUPOLE

Maigret était assis en face du juge Coméliau. Il avait entendu, dans sa vie, beaucoup de choses désagréables. Maigret écoutait, la tête basse. Eh oui, il avait laissé échapper le criminel, oui, il avait été maladroit, oui, il aurait dû mettre plus de gens pour surveiller La Citanguette...

« Mais enfin, Maigret, vous ne dites rien ?

– J'ai dit tout à l'heure à mes chefs que je ne serai plus de la police si, avant dix jours, je n'ai pas retrouvé Heurtin.

– Parce que vous croyez le retrouver ?

– Ce que je veux, c'est retrouver le coupable, le vrai.

– Eh bien, téléphonez-moi quand vous aurez du nouveau. »

Le commissaire salua et sortit. Il n'alla pas à son bureau mais au laboratoire de la Police judiciaire. Il demanda Moers qui le fit entrer dans son bureau.

Maigret prit une chaise, s'assit à cheval en face du jeune homme qui le regardait, curieux, derrière ses grosses lunettes.

« Alors mon petit Moers, ce papier ?

– J'ai passé la nuit à l'étudier. Et ce matin, je suis allé à La Coupole. Il y a plusieurs salles, vous le savez. Le billet est écrit à l'encre. J'ai étudié les encres de La Coupole et je sais que ce papier a été écrit au petit bar[1], à gauche, où se retrouvent les clients qui ont l'habitude de la maison. Je peux aussi vous dire que la lettre a été écrite de la main gauche, mais que l'homme écrit

---

1 Bar : 1. un café moderne ; 2. dans un café, l'endroit où l'on boit debout.

d'habitude de la main droite : il a voulu nous tromper. Je crois aussi que c'est un homme qui a fait des études. Je pense même qu'il parle plusieurs langues. Mais là, je dis ce que je crois et pas ce que je sais.

— Continuez, tout ça est intéressant.

— Eh bien, c'est certainement un homme très intelligent, mais je ne suis pas sûr qu'il soit moralement très solide. C'est une écriture d'homme, mais la façon d'écrire est celle d'une femme… Bien sûr, ce que je dis là, un juge ne peut pas le tenir pour vrai, ce n'est peut-être qu'une idée à moi… Ah, quelque chose de plus sûr mais qui ne vous servira sans doute pas beaucoup : il y a une trace brune au coin du papier, une trace de café au lait.

— Bon, si j'ai bien compris, la lettre a été écrite hier matin, au bar de La Coupole, par un client qui parle plusieurs langues et qui buvait un café-crème[2]… Eh bien, merci. »

---

2 Un café-crème : un café avec du lait.

Maigret reprit la lettre et sortit.

Pendant toute la nuit, les ordres avaient été donnés à tous les commissariats, à toutes les gares d'où partaient des trains ou des avions, et tous les agents et policiers de France avaient dans l'esprit le nom et le visage d'un homme qui s'était évadé et qu'il fallait arrêter : un condamné à mort.

Maigret avait pris un taxi et, sans passer par son bureau, était allé voir le pauvre Dufour. Il sonna à la porte du policier et Madame Dufour vint ouvrir. Dans le couloir, cela sentait à la fois la pharmacie et la poule au pot.

« Bonjour, commissaire, il va être bien content de vous voir... »

Dans sa chambre, l'inspecteur Dufour était couché, l'air triste et inquiet. Après le coup de bouteille reçu à La Citanguette, il était passé par l'hôpital, où on avait recousu la peau de sa tête, coupée sur plusieurs centimètres.

« Alors, ça va mieux ? demanda Maigret.

— Ça va, mais ce qui m'ennuie, c'est que les cheveux ne repousseront pas à cet endroit-là : je vais être joli !

— C'est ma faute, dit Maigret.

— Mais non, c'est la mienne. Si je l'avais surveillé comme il faut... Et maintenant, patron, à cause de moi, vous voilà avec une mauvaise affaire sur les bras...

— Ne t'inquiète pas, dit Maigret, ça va aller, on le retrouvera. »

*   *
*

Oui, pensait Maigret, en descendant la rue du Chemin-Vert, on le retrouvera, un jour ou l'autre, mais ce n'est pas le plus important. L'important, pour le commissaire, c'était la lettre écrite à La Coupole. Là était la clé de l'affaire.

Quelqu'un avait fait de Heurtin un assassin, quelqu'un qui l'avait peut-être conduit jusqu'à la maison du crime. Conduit et ramené : Maigret avait fait interroger tous les employés de la gare de Saint-Cloud et tous les chauffeurs de taxi qui travaillent dans ce coin. Entre deux heures et demie du matin, heure du crime, et quatre heures, heure du retour de Heurtin chez lui, personne n'avait vu l'assassin. Or, Heurtin n'était pas rentré chez lui à pied.

À Montparnasse, il y avait encore beaucoup de monde, en cette fin d'automne. Beaucoup d'étrangers, certainement plus que de Français.

Maigret marcha vers La Coupole ; à l'entrée, il vit la petite salle dont Moers avait parlé. Il n'y avait que cinq tables, toutes avec des clients. Maigret resta debout près du bar.

« Un Manhattan, commanda un client.

– La même chose », dit Maigret au garçon.

Il n'avait pas l'habitude de ces bars modernes ; le plus simple, c'était de boire comme tout le monde. Il était midi. Sans arrêt, les clients entraient et sortaient. Quatre garçons criaient à la fois dans un bruit d'assiettes et de verres remués. De table en table, des clients qui se connaissaient s'appelaient dans toutes les langues. On voyait que ces gens étaient des habitués : ils appelaient tous le barman[3] en chef par son nom : Bob ; et Bob les connaissait par leur nom.

Mais, au milieu de ces groupes qui faisaient grand bruit, il y avait deux ou trois clients qui buvaient seuls. C'est eux que Maigret regardait et étudiait, l'un après l'autre.

Et d'abord, à un bout de table où buvait un groupe de Suédois, une jeune femme habillée de noir, dans une robe propre mais usée. Elle prenait une tasse de lait et un gâteau. En face d'elle, un journal écrit en russe et une feuille de papier, où elle prenait des notes. Elle n'entendait rien, ne voyait rien, lisait et notait. Un peu plus loin, une autre personne intéressait Maigret : un

---

3 Barman : garçon qui sert dans un bar.

homme d'une trentaine d'années qui portait des cheveux roux, très longs. Il était habillé d'un costume foncé, très usé, et d'une chemise bleue, sans cravate, ouverte sur la poitrine. Il avait commandé un café au lait qu'il buvait lentement. Est-ce qu'il avait cinq francs en poche ? Peut-être pas… D'où venait-il ? Que faisait-il dans la vie ? Il avait le visage fatigué et, pourtant, quelque chose de dur et de clair dans le regard ; pauvre, sans doute, mais orgueilleux[4] sûrement. Personne ne venait lui serrer la main, personne ne lui parlait.

La porte s'ouvrit et Maigret vit entrer William Crosby et sa femme. Il les connaissait tous les deux depuis qu'il avait pris en main l'affaire Heurtin. Crosby était le neveu de la riche madame

---

4   Orgueilleux : celui qui se croit plus fort, plus intelligent que les autres.

Henderson. C'est lui, maintenant, qui avait l'argent de la victime. C'était un homme très connu à Paris.

Crosby aperçut Maigret et lui fit bonjour de la main. C'était un grand garçon d'une trentaine d'années. De toutes les personnes présentes, il était le mieux habillé. Crosby et sa femme serraient des mains ici et là, l'air à la fois gentil et ennuyé, en demandant : « Qu'est-ce que vous buvez ? »

Crosby était très riche, surtout depuis la mort de sa tante qui lui avait laissé près de vingt millions de francs. Il roulait dans une voiture de sport qui lui avait coûté très cher. On le voyait dans tous les endroits où se rencontrent les gens riches de France et d'Europe. Quand il était à Paris, il habitait un des plus grands hôtels de la capitale, le George V.

Madame Crosby avait à peu près le même âge ; toute petite, très gaie, elle parlait tout le temps, moitié en français, moitié en anglais.

Un jeune artiste, que Maigret connaissait, entra et vint serrer la main de Crosby.

« On déjeune ensemble ?

— Pas aujourd'hui, je suis invité en ville.

— Alors, demain ?

— Entendu. »

Dans cette foule, chacun pensait à ses petites affaires. Et Maigret, lui, pensait à un grand garçon maigre, à la tête trop grosse, aux bras trop longs, qui se promenait dans Paris avec vingt francs en poche et que toute la police de France recherchait… Et sans arrêt, Maigret se répétait la même question : pourquoi, oui, pourquoi avait-il tué cette madame Henderson qu'il ne connaissait pas et à qui il n'avait rien volé ?

Crosby s'était approché de Maigret.

« Comment allez-vous, commissaire ? »

En disant cela, il tendit son paquet de cigarettes.

« Merci, dit Maigret, je ne fume que la pipe, et toujours du tabac gris.

—Vous buvez quelque chose ?

— Je suis déjà servi, vous voyez !

—Vous comprenez l'anglais, le russe, l'allemand ?

— Non, pourquoi ?

—Alors, vous ne devez pas comprendre grand chose à ce qu'on dit ici ! Ah, dites-moi, j'ai vu dans les journaux… C'est vrai, tout ça ?

— Que voulez-vous dire ?

— Eh bien, vous savez, l'assassin…

— Bah ! On le retrouvera, ne vous inquiétez pas. »

Longtemps, Crosby regarda Maigret sans rien dire.

« Prenez tout de même un verre avec moi, commissaire, cela ferait plaisir à ma femme. »

Madame Crosby s'avança, souriante. Maigret ne pouvait dire non. On lui présenta une jeune Suédoise, Edna Reichberg, amie des Crosby, qui lui serra la main avec force, tout en continuant de parler. Là-bas, la Russe en noir continuait de lire son journal. L'homme aux cheveux roux, les yeux à demi fermés, semblait rêver devant sa tasse de café vide.

Maigret se tourna vers la porte. À travers la vitre, il vit quelqu'un qui s'approchait et essayait de regarder à l'intérieur du café. Cette tête trop grosse, ces yeux rougis par la fatigue, ces bras trop longs pour la veste trop courte… Du premier coup d'œil, Maigret les avait reconnus. Et dire que toute la police de France était à sa recherche…

CHAPITRE 5

Un client peu sérieux

Maigret ne bougea pas. Tout à côté de lui, Madame Crosby et la jeune Suédoise parlaient anglais. Crosby, qui était allé téléphoner, revenait.

« Je vous ai laissé commissaire, mais quelqu'un voulait savoir où était ma voiture : je la vends pour en acheter une autre. »

Il prit son verre que Bob venait de remplir pour la seconde fois.

« À votre santé », dit-il.

Dehors, Heurtin était toujours collé à la vitre : qui cherchait-il ? En se battant avec Dufour, il avait perdu son chapeau et il était nu tête. Ses oreilles semblaient encore plus longues !

Où a-t-il dormi, pensa Maigret, pour que son costume soit aussi sale et aussi abîmé ?

Heurtin, maintenant, était au milieu du trottoir. Il allait et venait avec les autres promeneurs et ses yeux étaient toujours tournés vers La Coupole. Une fois, il vint jusqu'à la porte : est-ce qu'il allait ouvrir et entrer ? Maigret le regardait faire, le verre dans une main, la pipe dans l'autre. Il pensait à ce qui s'était passé chez le juge, ce matin même. Alors, il avait presque perdu sa place, il avait fait la plus grosse faute de toute sa vie de policier : il avait laissé échapper son condamné à mort. Et voilà que Heurtin était là, à quelques mètres de lui !

Petit à petit, les clients s'en allaient, beaucoup passaient dans la salle à côté où l'on servait des repas. Il était maintenant plus d'une heure et demie. Crosby appela Bob et paya.

« Vous restez ? » demanda-t-il au commissaire.

Il allait sortir. C'était la minute qu'attendait Maigret. Que ferait-il en voyant Heurtin, et que ferait Heurtin ? Crosby ouvrit la porte et marcha vers sa voiture, rangée au bord du trottoir. Madame Crosby et la Suédoise suivaient en riant d'une plaisanterie qu'une d'elles avait faite. Ils passèrent devant Heurtin sans le regarder et Heurtin, qui avait reculé d'un pas pour les laisser passer, ne les regarda pas non plus. Ses yeux étaient toujours tournés vers La Coupole. Il s'était approché de la porte et, souvent, les gens qui sortaient le poussaient en sortant.

Alors, soudain, dans la grande glace du bar, Maigret vit l'image de l'homme aux cheveux roux : il souriait avec l'air de se moquer de quelqu'un. Et ce quelqu'un, Maigret comprit que c'était lui…

Bientôt, il ne resta plus, avec Maigret, que deux clients dans la salle : la dame en noir, qui continuait de lire et de prendre des notes, et l'homme roux. Dehors, Joseph Heurtin avait de nouveau collé son nez à la vitre et son air était si triste et si malheureux qu'un des garçons de café dit à Maigret :

« Encore un qui a trop bu ou c'est peut-être un fou. Je vais le faire partir.

— Non, dit Maigret. Et il ajouta : Allez téléphoner à la Police judiciaire, dites que le commissaire Maigret a besoin de deux hommes et que, si possible, on envoie Lucas et Janvier. »

Maigret avait parlé assez fort pour voir ce qu'allait faire le client aux cheveux roux, mais l'homme ne bougea pas. La femme en noir avait toujours les yeux sur son journal.

Après le bruit de tout à l'heure, c'était maintenant le calme. Les minutes passaient.

« Un sandwich au fromage. »

C'était l'homme au café-crème qui venait de commander.

Le garçon de café se pencha vers Maigret :

« Avec ça, il est là jusqu'à sept heures ce soir. C'est comme l'autre, là-bas. »

D'un geste de la tête, il montra la dame en noir.

Dehors, Heurtin attendait toujours. Avait-il faim ou soif ? Lui restait-il quelque chose de ses vingt francs ? Il s'approcha à nouveau de la vitre, y colla son front et son nez qui fit comme une ombre blanche. Ses yeux cherchaient quelqu'un. Il ne pouvait voir Maigret qui le surveillait dans la glace ni l'homme au sandwich qui lui tournait le dos. Seule la jeune femme russe lui faisait face.

C'est à ce moment que la porte s'ouvrit et que Maigret vit entrer deux policiers.

« Il y a du nouveau ? dit Janvier.

— Qu'est-ce que vous buvez ?

— Un café.

— Regardez dehors. »

Les deux hommes allèrent vers la porte. Heurtin était là.

« Ça alors ! dit Lucas, mais comment avez-vous fait ?

— Je n'ai rien fait, il est venu tout seul. Lucas, vous allez sortir et le surveiller de près. Et cette fois, attention… ! »

Maigret se rappelait, tout d'un coup, qu'il n'avait pas mangé. Il commanda un sandwich et il attendit.

À quatre heures de l'après-midi, rien n'avait changé. L'homme roux était toujours là, la Russe était sortie puis revenue. Et dehors, Heurtin attendait, lui aussi. C'est à ce moment que l'homme roux frappa sur la table pour appeler le garçon. Celui-ci s'approcha.

« Avec le café-crème de tout à l'heure, ça fait quatre francs cinquante.

— Pardon, je n'ai pas fini… Donnez-moi des sandwichs au caviar », dit l'homme très calme en regardant le garçon bien en face.

Le garçon resta une seconde silencieux, puis répéta : « Un sandwich au caviar ?

— Non, pas un, trois. »

Le garçon crut à une plaisanterie : trois sandwichs au caviar[1] !
Les plus chers ! Il demanda :

« Avec de la vodka[2] sans doute ?

— Oui, avec de la vodka. Et un paquet de cigarettes.

— Des Gauloises ?

— Des Abdullah, les plus chères ! »

L'homme n'avait pas fini sa cigarette que son troisième
sandwich était mangé. Il se leva. Le garçon courut vers lui.

« En tout, cela fait quarante-six francs et cinquante centimes.

— Je viendrai vous payer demain.

— Pardon, un moment, il faut que je dise ça au patron. »

L'homme roux retourna s'asseoir et attendit.

« Qu'est-ce que c'est ?

— C'est ce monsieur. Il commande du caviar, de la vodka, des
Abdullah et il veut venir payer demain.

— Vous n'avez pas d'argent ?

— Pas un franc.

— Et chez vous ?

— Pas un centime.

— Et vous commandez du caviar ?... Paul, appelez-moi les
agents. »

Le garçon sortit en courant. Il revint cinq minutes après, suivi
de deux agents. Le patron expliqua ce qui s'était passé.

« C'est bon, vous vous expliquerez au commissariat », dit l'un
des agents.

Les trois hommes sortirent. Maigret vint près de la porte et vit
Heurtin s'approcher d'un pas rapide.

Quand il aperçut les agents, il recula et fit demi-tour. Maigret
se tourna vers le garçon de café.

---

1 Caviar : œufs de poisson pondus par la femelle de l'esturgeon : le caviar coûte très cher.
2 Vodka : alcool de grain qu'on boit surtout en Russie.

« Police judiciaire. Qui est-ce ?

– Je crois qu'il s'appelle Radek. C'est un Tchèque. Il se fait envoyer ses lettres ici.

– Que fait-il ?

– Rien. Vous avez vu, il passe toutes ses journées ici. De temps en temps, il lit un journal ou il écrit…

–Vous savez où il habite ?

– Non.

– Il a des amis ?

– Je crois bien qu'il n'a jamais dit un mot à personne et pourtant, ici, les gens parlent ! »

Maigret paya et sortit. Cinq minutes plus tard, il était au commissariat du quartier. Quand il entra, Radek était assis sur un banc de bois et attendait d'être conduit devant le commissaire. Ce commissaire, Maigret le connaissait. Il entra dans le bureau sans attendre.

« Vous travaillez dans mon quartier ?, dit le policier étonné.

— Non, mais vous allez recevoir un client qui m'intéresse, un nommé Radek. Je voudrais écouter ce qu'il va vous dire. Il faudrait aussi que vous le gardiez jusqu'à demain matin.

— Qu'est-ce qu'il a fait ?

— Il a mangé du caviar sans payer, à La Coupole.

— Très bien, je vais le recevoir tout de suite. »

L'homme entra dans le bureau, les mains dans les poches, le visage souriant. Très calme, il regardait tour à tour le commissaire et Maigret.

« On me dit que vous avez pris un repas sans payer. Qu'est-ce que vous avez à dire ?

— Mais rien du tout. J'ai pris un repas et je n'avais pas d'argent. C'est la simple vérité.

— Vous avez une maison, un métier ? »

L'homme sortit de sa poche un vieux passeport[3] sale et à moitié déchiré.

« Je lis que vous êtes étudiant en médecine, c'est vrai ?

— Demandez au professeur Grollet : j'étais son meilleur élève. »

Puis, se tournant vers Maigret :

« Si je comprends bien, monsieur aussi est de la police ? »

Et il avait le même regard que le commissaire lui avait vu dans la glace de La Coupole.

« Quand vous en aurez fini, je voudrais lui parler, dit Maigret.

— Mais bien sûr, tant que vous voudrez. »

---

3 Passeport : papiers d'identité nécessaires pour aller à l'étranger.

CHAPITRE 6

CHEZ LE PÈRE DE HEURTIN

Madame Maigret ne dit rien quand elle vit son mari partir à sept heures du matin. Il était rentré dans la nuit et avait mal dormi. Avant de passer la porte, il avait embrassé sa femme sur le front, sans rien dire, et on voyait bien que sa pensée n'était pas là. Arrivé à son bureau, il mit un peu d'ordre sur sa table, regarda si le feu marchait bien et appela au téléphone le commissariat du quartier Montparnasse.

« Allô ! Ici le commissaire Maigret. Je voudrais savoir si Radek est parti… Il y a une heure ? Est-ce que le commissaire Janvier était là pour le suivre ?… Oui ? Bon, très bien, merci. »

Il tira de sa poche le passeport du Tchèque ; presque toutes les pages avaient servi. Donc, Jean Radek, 25 ans, né à Brno, avait beaucoup voyagé : Berlin, Turin, Hambourg, Paris… La veille, Maigret avait longtemps parlé avec lui. Il savait que Radek n'avait jamais connu son père, que sa mère, morte depuis deux ans, avait travaillé à Paris comme domestique.

« Comment vivez-vous ? Avec quel argent ?

— Tant que ma mère vivait, elle m'aidait à vivre et à payer mes études.

— Une domestique, ça ne gagne pas beaucoup d'argent.

— Elle en avait assez pour m'aider. Elle aurait vendu ses deux mains pour moi.

— Il y a deux ans qu'elle est morte, qui vous aide maintenant ?

— Des parents… J'ai aussi des amis tchèques à Paris. Quelquefois, je fais des traductions.[1]

— Vous écrivez aussi pour les journaux ? Pour le *Sifflet*, par exemple ?

— Je ne comprends pas. »

En disant cela, il avait dans le regard cette même façon de se moquer que Maigret lui avait vue, à La Coupole.

Maigret quitta son bureau et passa à l'hôtel George V. Comme il entrait, il vit Crosby qui parlait avec un ami. L'Américain lui sourit et s'avança.

« C'est moi que vous voulez voir, commissaire ?

— Oui et non. Oui, si vous connaissez un nommé Radek.

— Radek ? »

Maigret avait planté ses yeux dans ceux de Crosby qui ne sembla ni étonné ni inquiet.

« Non, mais demandez à ma femme, elle connaît beaucoup de monde ici. Tenez, la voilà. »

Madame Crosby s'approcha, souriante.

« Le commissaire voudrait savoir si tu connais un nommé Radek.

— Il habite ici ? Non, je ne connais pas.

— Excusez-nous, dit Crosby mais nous dînons en ville et nous sommes en retard. »

*   *
*

Maigret était assis à son bureau depuis une demi-heure quand le téléphone sonna.

« C'est pour vous, commissaire.

— Qui est-ce ?

— Le juge Coméliau.

---

1 Traduction : traduire, c'est écrire dans une langue ce qui était écrit dans une autre.

— Dites que je ne suis pas là. Je l'appellerai tout à l'heure. Personne d'autre ne m'a appelé ?

— Personne, patron… Allô !… Attendez, c'est pour vous, c'est monsieur Janvier.

— Allô ! Janvier ?

— Oui, commissaire, c'est moi.

— Alors, le Radek, tu l'as suivi ?

— Je l'ai suivi et je l'ai perdu, commissaire. Je n'y comprends rien. Il était à vingt mètres de moi.

— Raconte.

— Il s'est d'abord promené dans le quartier Montparnasse. Ensuite, il est entré dans la gare ; je l'ai suivi jusque sur les quais et là, il est monté dans un train qui arrivait. Je suis monté à l'autre bout du wagon et je l'ai cherché… Plus de Radek.

— Bien sûr, il est redescendu quand il t'a vu monter.

— Sans doute, et pourtant, commissaire, jusque-là, je ne l'avais pas quitté des yeux une seconde…

— Calme-toi, Radek reviendra. Va m'attendre à La Coupole, j'y serai dans un moment. »

Lentement, Maigret retourna à son bureau, remplit sa pipe sans se presser, jeta un coup d'œil sur les journaux du matin, plaisanta avec l'employé de bureau comme quelqu'un qui sait que tout ira bien et que la journée sera bonne. Et pourtant, depuis le matin, l'inquiétude grandissait dans l'esprit de Maigret. Depuis la veille, à cinq heures, Joseph Heurtin était parti de La Coupole, suivi par Lucas.

Or, depuis ce moment, Lucas n'avait pas donné de ses nouvelles. Comment, pensait Maigret, il n'a même pas pu donner un coup de téléphone ? Pour passer le temps, le commissaire appela Dufour.

« Alors, vieux, comment ça va ?

— Ça va mieux ; je me lève et marche dans ma chambre. Mais

quel coup de bouteille ! Je me suis regardé dans la glace… je n'ai plus de cheveux sur au moins cinq centimètres. Ah ! Je suis joli !

— Ça repoussera… Allô ! On m'appelle sur l'autre poste. À bientôt. »

C'était Lucas.

« C'est vous, patron ? Allô ! Ne coupez pas mademoiselle…

— Ici Maigret, c'est toi Lucas ? Où es-tu ?

— À Nandy.

— Nandy ? Mais c'est à trente-cinq kilomètres de Paris !

— Je sais, patron, je sais. Ah ! quelle nuit !

— Et Heurtin ?

— Il est là chez son père, au petit café-hôtel.

— Bon, raconte.

— Eh bien, d'abord, il a fait comme quand il est sorti de la prison : il a marché dans Paris pendant des heures. Il n'avait pas l'air de savoir où il allait : il tournait à droite, à gauche… À huit heures, nous sommes arrivés devant un marchand de soupe. Il en a pris une assiette.

— Il a bu ?

— Non, je crois bien qu'il n'avait plus d'argent. Ensuite, il a recommencé à marcher. On est arrivé au bord de la Seine. Là, on a fait plusieurs fois le même chemin : il allait, il revenait… Enfin, il est parti vers Charenton, toujours en suivant la Seine. J'ai cru qu'il cherchait un pont, pour coucher dessous. Mais non, il marchait toujours. Il faisait nuit, la pluie s'est mise à tomber… et il a continué comme ça, jusqu'à six heures du matin. Il ne tenait plus sur ses jambes… moi non plus… trente-cinq kilomètres, patron ! Enfin, nous sommes arrivés à Nandy. Là, il est allé tout droit au petit café de son père.

— Il est entré par la porte ?

— Vous connaissez la maison ; vous avez vu plusieurs fois son père, pendant l'affaire Henderson. Il est passé par la rue, derrière la maison. Là, il a sauté le petit mur ; derrière, il y a une baraque[2] en bois où le père Heurtin garde ses poules et ses outils. Il a dû se coucher dans un coin. Vers sept heures, le vieux Heurtin est venu ouvrir sa porte aux clients. Je suis entré et j'ai pris un café. Il avait l'air très calme.

— Et maintenant, où es-tu ?

— Il y a un garage, juste en face du café. C'est de là que je vous téléphone.

— Bon, tout va très bien.

— Vous trouvez ? Trente-cinq kilomètres à pied… Si vous pouviez voir mes chaussures ! Et ma chemise toute mouillée ! Qu'est-ce que je fais ?

— Retourne au café. Raconte une histoire. Dis que tu attends un ami. Et ouvre l'œil ! Il ne faut pas qu'il nous échappe encore une fois. »

*   *
*

À onze heures, Maigret descendait de taxi en face de La Coupole. La première personne qu'il vit, en poussant la porte, fut l'inspecteur Janvier qui se cachait assez mal derrière un journal ouvert.

De l'autre côté, à sa place habituelle, Radek remuait lentement sa cuillère dans son café-crème. Il était bien rasé, habillé proprement, et même ses longs cheveux roux avaient été lavés et peignés. Et il avait l'air tout à fait heureux !

Comme Maigret s'avançait, il leva les yeux et, très calme, demanda :

« Vous buvez quelque chose, commissaire ? »

Il s'était levé à moitié et montrait une chaise à côté de la sienne.

---

2   Une baraque : petite maison en planches.

Maigret passa devant lui, comme s'il n'avait pas entendu et dit, d'une voix calme :

« Déjà sorti de prison ?

– Ces messieurs ont été très gentils. Le juge ne peut pas s'occuper de mon affaire tout de suite : ils ont trop de travail. On verra ça dans quinze jours. Ah ! ce n'est plus l'heure du café-crème ! Garçon ! Des sandwichs au caviar et un verre de vodka.

Vous prendrez bien aussi un verre de vodka, commissaire ? »

Le garçon, rouge jusqu'aux oreilles, se demandait si c'était sérieux ou si Radek se moquait de lui.

« Vous n'allez pas me faire payer avant de me servir comme tout à l'heure ? Surtout quand je suis avec monsieur le commissaire ! Ces gens sont étonnants, continua Radek, parce que hier je n'avais pas d'argent, ils pensent que je n'en ai pas non plus aujourd'hui ! Ah ! si j'étais un de ces jeunes garçons à la tête vide qui viennent ici tous les soirs, on ne me ferait pas attendre. Seulement, voilà, je suis trop intelligent pour eux. Il faudra, commissaire, que nous parlions de tout cela un jour. Vous ne comprenez pas tout, non, mais vous aussi, vous êtes intelligent. »

Le barman avait apporté les sandwichs et la vodka.

« Ça fait soixante francs. »

Radek sourit et tirant de la poche de sa veste un billet de cent francs, il le jeta sur la table.

« Ah ! il faut que je téléphone à mon tailleur. »

Le Tchèque s'était levé et marchait vers la cabine téléphonique[3].

Janvier s'était levé aussi et l'avait suivi. Quand ils revinrent à leur place, toujours l'un derrière l'autre, Janvier fit un mouvement de tête vers Maigret pour dire : « C'est vrai, il a téléphoné à son tailleur. »

Radek s'était penché vers Maigret.

« Voulez-vous un bon conseil, commissaire ? Un conseil d'ami ? Laissez toute cette affaire. Elle est trop compliquée pour vous. »

Maigret continuait de regarder droit devant lui, sans bouger.

« Vous vous trompez, commissaire et vous vous trompez parce que vous n'y comprenez rien. »

Radek parlait à voix basse. Il voulait montrer qu'il était calme

---

3 Une cabine téléphonique : toute petite pièce où il y a le téléphone.

mais ses longues mains blanches n'arrêtaient pas de remuer. Il continua :

« Oh ! je sais que vous êtes un très bon policier mais je le répète : dans cette affaire, vous ne comprenez rien et ne pouvez rien comprendre parce que depuis le commencement, vous suivez une mauvaise piste[4]. C'est pourquoi vos plans sont faux et seront faux jusqu'au bout. Tenez, il y a des choses qui reviennent toujours dans cette affaire, et que vous n'avez pas vues : la Seine, par exemple. Rappelez-vous : la maison de madame Henderson à Saint-Cloud est au bord de la Seine ; La Citanguette est au bord de la Seine ; Heurtin est né à Melun, au bord de la Seine, et où habitent ses parents ? À Nandy, au bord de la Seine… »

Le Tchèque parlait avec le sérieux d'un maître qui explique une leçon difficile mais ses yeux souriaient.

« Tout cela est bien compliqué, n'est-ce pas ? Vous ne me demandez rien et je viens moi-même vous parler d'une affaire où j'ai peut-être ma place, mais laquelle ? Vous avez très envie de m'arrêter, mais pourquoi ? Je ne connais pas Crosby, je ne connaissais pas madame Henderson, ni sa domestique. Tout ce que vous pouvez dire, c'est que Heurtin est resté tout l'après-midi d'hier devant La Coupole et qu'il semblait chercher quelqu'un. Mais qui ? Peut-être moi… peut-être un autre… Je vous dis que vous n'y comprenez rien et n'y comprendrez jamais rien. Qu'est-ce que je fais dans cette histoire ? Rien du tout ! Ou tout !… Mais moi, j'ai compris. Je ne suis pas policier mais je suis très intelligent, oui, très intelligent. Je n'ai rien à faire et j'ai tout mon temps pour penser et pour étudier une affaire quand elle m'amuse, car la médecine et la criminologie, cela se touche. Qu'est-ce qu'un criminel ? Un malade… Je vous étonne, hein ? Eh bien, permettez-moi de vous dire que vous avez eu tort, puisque vous aviez un coupable, de le laisser échapper. Parce que vous

---

4   Piste : sur un chemin, les traces que suit le chasseur.

n'en trouverez pas d'autre. Et que Heurtin pourrait même vous échapper tout à fait... Tenez, je vais vous étonner encore et vous donner une bonne raison de m'arrêter, si vous en avez toujours envie. »

Il but son verre de vodka d'un seul coup, se pencha en arrière, mit la main à la poche intérieure de sa veste et la retira pleine de billets de cent francs. Ils étaient attachés par dix et Maigret compta neuf paquets : neuf mille francs...

« Des billets neufs, vous voyez, dit Radek. On peut donc savoir d'où ils viennent... Cherchez, amusez-vous... mais peut-être préférez-vous aller vous coucher ? Ce serait une très bonne idée. »

Radek s'était levé. Maigret n'avait pas bougé. La pipe à la bouche, il regardait le Tchèque de haut en bas, sans rien dire.

« Vous allez m'arrêter ? »

Le commissaire ne répondit pas. Il prit les billets qui étaient restés sur la table, en fit lentement un paquet qu'il mit dans la poche intérieure de son manteau. Puis il se leva, resta debout quelques secondes et s'approcha de Radek. C'était le Maigret des grands jours, un Maigret calme, fort, sûr de lui. Et maintenant, ce calme faisait peur à Radek qui ne souriait plus.

« Écoute, mon petit bonhomme… »

Maigret était plus grand que Radek de toute la tête. En face de l'intelligence de Radek, il y avait une autre intelligence mais aussi, en plus, le calme et la force. Dans son coin, Janvier était heureux : il retrouvait le chef qu'il connaissait bien, le grand Maigret.

« Écoute-moi bien : on se retrouvera un jour ou l'autre… »

Là-dessus, il salua le barman, dit au revoir à Janvier, enfonça ses mains dans ses poches et sortit.

*　　*
*

« Je pense que ce sont ces billets-là, mais je vais appeler la banque[5] », dit l'employé de l'hôtel George V, en posant devant Maigret un paquet de billets que le commissaire lui avait montrés.

« Allô ! La Banque de France ? Ici, l'hôtel George V. Avez-vous pris les numéros des cent billets de cent francs que j'ai fait prendre par un client, hier matin ? »

Il nota les chiffres sur une feuille de papier qu'il passa à Maigret. C'était bien cela : les billets de Radek étaient ceux de Crosby…

« Monsieur et Madame Crosby sont chez eux ?

— Ils sont sortis il y a une demi-heure.

— Vous êtes sûr ?

— Je les ai vus, comme je vous vois.

— Vous m'avez dit qu'ils étaient rentrés à trois heures du matin… ? Ils n'ont reçu personne depuis ? »

5　Banque : La banque garde votre argent. Elle peut aussi en prêter.

On interrogea les domestiques et les employés : personne n'était venu.

« Ils n'ont pas fait non plus porter une lettre par un employé ? »

Pas de lettre. Maigret essaya d'y voir plus clair. Depuis la veille à quatre heures jusqu'à ce matin sept heures, Radek était resté au commissariat. Donc, à sept heures du matin, il était sur le trottoir, sans argent. À huit heures, il échappait à l'inspecteur Janvier ; à dix heures, on le retrouvait à La Coupole avec dix mille francs qui étaient, la veille au soir, dans la poche de Crosby…

« Je voudrais jeter un coup d'œil dans la chambre des Crosby. »

Le chef du personnel ne savait que faire : les Crosby étaient de gros clients, mais d'un autre côté, la police… il finit par dire oui.

Les Crosby occupaient plusieurs pièces, ce qu'on appelle une suite dans les grands hôtels. Un domestique était en train de faire le lit. Maigret fit le tour des chambres, ne vit rien d'intéressant et redescendit. Il passa à l'hôtel Ritz où on lui dit que les Crosby avaient passé la soirée avec des amis. Ils étaient partis à deux heures du matin. Personne n'était venu les voir pendant qu'ils étaient à table.

« Et pourtant, les billets… », se répétait Maigret, en traversant la place Vendôme.

Il arrêta un taxi.

« Vous connaissez Nandy, un peu plus loin que Corbeil ?

— Oui, mais il y en a bien pour une heure.

— En route. Vous vous arrêterez au premier bureau de tabac. »

Et Maigret, bien assis dans le fond de la voiture, passa une heure comme il les aimait : seul, tranquille, au chaud dans son grand manteau noir, fumant pipe sur pipe. Il pensait à Radek.

Pourquoi a-t-il parlé ? Pourquoi m'a-t-il laissé les billets ? Ces billets, je n'avais aucune raison de les prendre… Il veut sûrement me lancer du côté des Crosby… peut-être pour que je laisse Heurtin tranquille.

Radek avait raison. On était parti sur une fausse piste, mais la fausse piste, c'était Heurtin. Oui, la justice s'était trompée en condamnant Heurtin à mort. Ça, Maigret le savait, c'est même pour ça qu'il avait repris l'affaire en main et fait évader le condamné.

Pourtant, Heurtin était aussi dans l'affaire. Il y avait trop de preuves contre lui. Heurtin était à Saint-Cloud le soir du crime… Bien sûr, on aurait pu prendre les chaussures de Heurtin : ça expliquerait les traces de pas, mais les traces de doigts ? C'étaient bien les doigts de Heurtin qui avaient laissé des traces de sang sur les draps de la morte…

Et ce Radek, que personne ne connaissait et qui arrivait tout d'un coup dans l'affaire. Et Crosby… Mais comment faire jouer ensemble Crosby-Radek-Heurtin ? À La Coupole, Crosby n'avait jamais parlé à Radek, ne l'avait peut-être jamais regardé. Crosby, lui, ne connaissait pas Heurtin : il était passé à quelques centimètres de lui sans le voir. Il reste que les billets de cent francs étaient passés de la poche de Crosby dans la poche de Radek. Et c'est Radek qui faisait connaître tout cela à Maigret… Comme s'il voulait détourner[6] vers lui les recherches de la police.

«Voyons, disait Maigret, il y a eu deux heures entre le moment où je l'ai trouvé à la Coupole et le moment où il est sorti du commissariat… Pendant ces deux heures, il s'est lavé, a changé de costume. Et c'est pendant ce temps qu'il a reçu les billets ou qu'il est allé les chercher. Il n'a pas eu, pour le faire, plus d'une demi-heure… »

On arrivait à Nandy. Il y avait du vent et le ciel était gris. Là-bas, un chasseur traversait les terres brunes. Maigret dit au taxi de l'arrêter à l'entrée du village et de l'attendre.

---

6 Détourner : faire changer de direction. Ici, s'arranger pour que les policiers fassent leur enquête dans une autre direction.

Le village n'avait qu'une longue rue ; vers le milieu, au-dessus de la porte d'un petit café, on lisait :

ÉVARISTE HEURTIN

Maigret poussa la porte ; on entendit sonner. La salle du café était vide. Cependant, le commissaire reconnut le chapeau de Lucas, sur une chaise.

« Holà ! Il y a quelqu'un ? »

Il entendit un bruit de pas, dans la chambre au-dessus. Puis, après deux ou trois minutes, un autre bruit de pas dans l'escalier.

C'était le père de Heurtin. Assez grand, il avait une soixantaine d'années. Il s'arrêta au pied de l'escalier, regarda un grand moment Maigret sans rien dire.

« Qu'est-ce que vous nous voulez ? Vous êtes de la police, vous aussi ? »

Maigret s'était levé. Sans un mot, Heurtin montra l'escalier. Le commissaire monta derrière lui. L'escalier n'était pas très large. Par la porte ouverte de la chambre, Maigret vit Lucas, penché à la fenêtre. Sur le lit, le jeune Heurtin et près de lui, un homme debout.

Dans un coin de la chambre, une vieille femme était assise sur un fauteuil, la tête dans les mains.

« Fermez la porte », cria l'homme qui était maintenant penché sur Heurtin.

« C'est le médecin, dit Lucas, qui s'était retourné et avait vu Maigret. Venez, je vais tout vous expliquer… »

Quand ils furent en bas, dans la salle, Maigret demanda :

« Alors ?

— Une vilaine histoire. Tout de suite après mon coup de téléphone de ce matin, je suis revenu au café. Le père Heurtin était là et il m'a demandé si je voulais manger quelque chose. J'ai dit non et j'ai ajouté que j'attendais un ami. À un moment, on a entendu parler dans la cuisine, là-bas au bout du couloir. « Tu es là, Victorine ? » a-t-il crié. Personne n'a répondu, mais après deux ou trois minutes, sa femme est arrivée. On voyait à sa tête qu'il se passait quelque chose. « Je vais au lait », a-t-elle dit. « Mais c'est trop tôt », lui a répondu le père Heurtin. Elle est partie quand même. Sa fille est restée dans la cuisine. Le père est allé la voir. J'ai entendu un bruit de voix, puis quelqu'un qui pleurait. Je me suis avancé et j'ai vu qu'il sortait par la porte de derrière. On lui avait sûrement dit que son fils était là. Il n'est revenu qu'une heure plus tard. La fille pleurait toujours. Quand la mère est revenue, ils sont tous les trois entrés dans la cuisine. J'ai deviné ce qui s'était passé. Les deux femmes avaient dû trouver Heurtin mais ne voulaient pas en parler au père qui est un homme très droit, très honnête, mais aussi très dur. C'est la fille qui a parlé… Enfin, vers dix heures, la mère est retournée voir le fils. Quelques secondes après, elle revenait en criant. J'ai couru à la baraque avec le père Heurtin. Ah ! ça n'était pas beau à voir, patron ! Le garçon s'était pendu à un clou. Le vieux Heurtin a coupé la corde. Joseph était encore vivant. On l'a étendu sur la paille et la fille est allée chercher un médecin. Je ne pense pas qu'il soit arrivé trop tard : il a ouvert les yeux. Quelle triste chose, patron ! J'en ai les jambes coupées... Depuis que le médecin est là, le père n'a pas dit mot et on a fait croire aux voisins que c'est la vieille mère qui est malade. »

Le docteur descendait. Maigret le suivit et l'arrêta dans la salle du café.

« Commissaire Maigret... Docteur, comment va-t-il ?

— Vous allez le remettre en prison ?

— Je ne sais pas... Est-ce qu'il est très mal ?

— On l'a dépendu à temps mais il faut qu'il se repose quelques jours.

— Bien, je vous demande de ne pas parler de tout ceci...

— Demande inutile : un médecin doit soigner ses malades et se taire, vous le savez bien. »

Le père Heurtin était descendu, lui aussi, et se tenait derrière le bar. Il lavait les verres sales, mais sa pensée était ailleurs. Maigret s'approcha.

« Est-ce que cela vous ferait plaisir de le garder ici quelques jours ? »

Le père Heurtin baissa la tête sans répondre. Maigret vit une larme couler sur la joue du vieil homme.

« Bien sûr, je suis obligé de laisser un de mes hommes dans la maison. »

Maigret se tourna vers Lucas.

« Tu restes ici. Ce soir, quelqu'un viendra te remplacer. Je téléphonerai toutes les deux heures. »

Avant de partir, le commissaire fit le tour de la baraque où le père Heurtin gardait ses poules : la porte était ouverte et un bout de corde pendait encore à un clou de fer.

CHAPITRE 7

UN HOMME DANS LA MAISON DU CRIME

Quand Maigret sortit du taxi, en face de la maison des Henderson, à Saint-Cloud, il était un peu plus de trois heures. Depuis l'enquête, il n'était pas revenu dans cette maison mais il avait toujours la clé. La maison n'était plus habitée. Alors, pourquoi revenir sur le lieu du crime, après si longtemps ? Maigret n'aurait pas pu répondre à la question.

C'était une grande maison, entourée d'un jardin où personne ne venait plus. Le sol était couvert de feuilles mortes. Triste tableau, pensa Maigret. Il poussa la porte : les fenêtres fermées ne laissaient passer qu'un peu de lumière. Maigret alluma les lampes électriques. Dans les pièces du bas que personne n'habitait plus depuis plusieurs années, tout était couvert de poussière, et tout cela était aussi bien triste à voir.

Maigret monta au premier étage. Rien n'avait changé depuis sa première enquête. Les Crosby n'étaient certainement pas revenus dans la maison depuis la mort de leur tante.

Comme il approchait de la chambre de la morte, il crut entendre un bruit... Est-ce qu'il y avait quelqu'un dans l'appartement ? Impossible, pensa Maigret qui, pourtant, tendit l'oreille. Il venait d'entrer dans la chambre quand il s'arrêta, le nez levé : la pièce sentait le tabac. On venait de fumer dans cette chambre, Maigret en était sûr !

« Qui est là ? », cria-t-il.

Personne ne répondit mais Maigret entendit, et là, impossible de se tromper, un bruit qui venait de la salle de bain. Maigret traversa la chambre en courant. La salle de bain était vide mais dans le fond, une seconde porte était ouverte. Elle donnait sur un petit escalier et Maigret entendit un bruit de pas.

Maintenant, l'homme, car il y avait un homme, courait pour essayer d'échapper à Maigret. Le commissaire le suivait de pièce en pièce et il allait enfin le tenir quand une dernière porte l'arrêta : l'homme venait de la fermer à clé.

« Au nom de la loi, ouvrez », cria Maigret.

Au nom de la loi, quelle loi ? Qui lui donnait le droit de parler ainsi ? L'affaire Henderson était jugée depuis longtemps ; il n'y avait plus d'affaire Henderson. Il était entré dans cette maison sans en avoir reçu l'ordre de ses chefs. Et voilà qu'il parlait au nom de la loi ! Mais la question n'était plus de savoir s'il avait le droit ou s'il ne l'avait pas... Qui était là, dans cette pièce fermée à clé ? Voilà ce que voulait savoir Maigret.

Il recula de trois pas puis, de toutes ses forces, se jeta sur la porte. Au troisième coup d'épaule, une planche cassa. Maigret revenait en arrière pour un dernier effort quand un coup de revolver fut tiré. Rapide comme l'éclair, il se jeta de côté : qui donc tirait sur lui ? Le bruit d'un corps qui tombe lourdement sur le sol apporta la réponse : ce n'était pas sur lui qu'on avait tiré, l'homme venait de se tuer d'une balle dans la tête.

Le commissaire passa la main par l'ouverture de la porte, tourna la clé et s'approcha du corps.

« Ce costume, j'ai déjà vu ce costume », se dit Maigret.

Il se pencha plus près et resta immobile : il venait de reconnaître William Crosby. Maigret retourna dans la chambre de madame Henderson où il avait vu un téléphone. Il appela la Police judiciaire.

« Allô ! La PJ ?... Donnez-moi le directeur. Ici, Maigret... C'est vous, chef ? William Crosby vient de se tuer d'une balle dans la tête... dans la maison de Saint-Cloud... Oui, je suis sur place... »

Quand il eut reposé le téléphone, Maigret fit quelques pas dans la chambre. Puis, lentement, il remplit sa pipe et descendit. Il pensait que dans quelques minutes le juge Coméliau serait là avec les gens de la Police judiciaire et qu'on lui demanderait pourquoi il était là…

Un bruit de voiture dans la rue : « Les voilà », pensa Maigret. Il alla ouvrir la porte ; la première personne qui entra fut le juge Coméliau. Le coup d'œil qu'il jeta à Maigret était celui d'un homme en colère et tout prêt à dire des choses peu agréables.

« J'attends vos explications, commissaire… »

Maigret, sans rien dire, le mena devant le corps de Crosby.

« Voilà, monsieur le juge, je n'ai rien à expliquer.

— C'est vous qui lui avez dit de venir ici ?

— Je ne savais même pas qu'il était là. J'étais passé avec l'idée que, peut-être, nous avions oublié ici quelque chose qui nous aiderait à trouver le vrai coupable.

– Où était Crosby quand vous êtes entré ?

– Je pense qu'il était dans la chambre de sa tante... Lorsqu'il a entendu du bruit, il s'est sauvé, j'ai couru après lui et, quand il a compris qu'il ne pouvait m'échapper, il s'est enfermé à clé et il s'est tué. »

Le juge écoutait le commissaire, l'œil méchant ; il savait, bien sûr, que Maigret disait la vérité mais cette vérité ne lui plaisait pas du tout. Il n'aimait pas les affaires compliquées, il n'aimait pas non plus revenir en arrière. Pour lui, l'affaire Heurtin, c'était fini, bien fini. Et voilà que Maigret, avec son idée de chercher un autre coupable, faisait repartir l'enquête.

« Et Heurtin ?, demanda le juge, qu'est-ce que vous en avez fait ?

– Rien. Il retournera en prison quand vous voudrez. Mais je vous rappelle, monsieur le juge, que vous m'avez donné dix jours pour trouver le coupable... Il m'en reste encore six... »

Maigret marcha vers la chambre de madame Henderson.

« Qu'est-ce que vous allez faire ?

– Je ne sais pas ! »

Maigret enfonça les mains dans ses poches : une façon à lui de retrouver son calme. Il prit le téléphone et appela l'hôtel George V.

« Allô ! Voulez-vous me dire si madame Crosby est là ?... Vous dites ? Elle prend le thé... Je vous remercie... Non, ne l'appelez pas. »

Le juge Coméliau l'avait suivi. Maigret passa devant lui, le salua sans un mot et sortit.

*   *

*

Maigret s'avançait lentement dans cette grande salle du George V. Il y avait là plusieurs groupes de jolies femmes qui buvaient du thé. On parlait beaucoup et dans toutes les langues. Tout au fond, à une table, Maigret reconnut madame Crosby et son amie madame Reichberg. Les deux femmes riaient très fort.

« Madame Crosby… », dit Maigret en saluant les deux femmes.

La femme de Crosby leva les yeux, l'air étonné.

« Je vous écoute, monsieur…

— Est-ce que je peux vous voir seule une minute, madame ?

— Tout de suite ? »

Maigret fit oui de la tête.

« Allons au bar, nous serons tranquilles. »

C'était vrai, à cette heure-là, il n'y avait personne au bar.

« Savez-vous que votre mari est allé à Saint-Cloud cet après-midi ?

— Je ne comprends pas… mon mari va où il veut…

— Je vous demande pardon, je voulais savoir s'il vous avait dit qu'il irait dans la maison de sa tante.

— Non…

— Êtes-vous retournés là-bas, tous les deux, depuis la mort de madame Henderson ?

— Jamais, c'est trop triste !

— Votre mari est allé là-bas aujourd'hui, madame.

— Eh bien ?

— Il y a eu un accident…

— Avec sa voiture ? Je lui dis toujours, il va trop vite, trop vite !

— Non, madame, votre mari a voulu se tuer…

— William ? Se tuer ? C'est une mauvaise plaisanterie[1] !

— Non, il s'est tiré une balle dans la tête… »

---

1 Plaisanterie : chose drôle dite ou faite pour amuser, faire rire.

Madame Crosby s'était jetée sur Maigret comme une folle et elle lui posait, en anglais, mille questions. Le commissaire fit un pas en arrière.

« Je suis obligé, madame, de vous dire que votre mari est mort. »

Madame Crosby, sans un mot, se retourna, traversa la salle et sortit dans la rue en courant. Elle arrêta un taxi. Maigret entendit qu'elle disait : « À Saint-Cloud, vite. »

*   *
*

Un quart d'heure plus tard, Maigret était à son bureau.

« Pas de coup de téléphone pour moi ? dit Maigret.

— Si, monsieur, l'inspecteur Janvier a appelé : il y a une note sur votre table. »

La note disait : « Pour le commissaire Maigret. Je continue de surveiller Radek. Il est passé chez son tailleur à dix heures, a dîné au restaurant puis est allé à La Coupole prendre un café ; a téléphoné deux fois. »

Maigret alla fermer à clé la porte de son bureau, avant de venir s'asseoir dans son fauteuil…

Il fut bien étonné de se réveiller trois heures plus tard : il était donc si fatigué ! Il entra dans le bureau du gardien.

« Personne ne m'a appelé ?

— Si, le juge Coméliau, deux fois.

— Et Janvier ?

— Non. »

Une demi-heure plus tard, Maigret entra au bar de La Coupole. Pas de Radek et pas de Janvier. Il appela le barman.

« Le Tchèque n'est pas là ?

— Il est resté jusqu'à six heures avec votre ami. Ils ont bu au moins quatre verres de vodka chacun.

— Et après ?

— Après, ils sont montés dans la salle du restaurant et ils ont dîné.

— Ensemble ?

— Ensemble. Ils sont sortis tous les deux vers neuf heures du soir.

—Vous ne savez pas où ils sont allés ?

— Ils ont appelé un taxi… tenez, c'est justement le taxi bleu, là-bas… »

Le chauffeur de taxi se rappelait très bien :

« Deux clients ? Un petit et un autre à cheveux roux ? Oui, je viens de les conduire au Pélican, rue des Écoles…

— Eh bien, nous y retournons. »

Le Pélican était un café tout nouveau où les étrangers et les fils de familles riches venaient s'amuser. Maigret eut vite fait de voir, près du bar, les deux personnes qu'il cherchait. Radek, plutôt triste, regardait le fond de son verre. Le jeune Janvier, qui avait beaucoup trop bu et tenait debout à grand-peine, souriait à Maigret qui avançait vers lui, le regard mauvais.

«Tiens ! Voilà le commissaire, dit Radek. Bonsoir commissaire, qu'est-ce que vous buvez ?

— Je ne suis pas là pour boire et j'ai deux mots à vous dire.

— Mais j'écoute, commissaire, j'écoute… Tu écoutes aussi, pas vrai, Janvier ? »

En même temps, il posait son bras sur l'épaule de Janvier, comme on fait avec un vieil ami.

« Dites-moi, Radek, il y a longtemps que vous êtes allé à Saint-Cloud ?

— Moi, à Saint-Cloud ? Tu entends, Janvier, il plaisante…

— Je ne plaisante pas. Il y a un autre mort, là-bas, depuis ce matin.

—Vraiment ? C'est vous qui l'avez tué ? »

Radek avait trop bu et il ne savait plus ce qu'il disait.

« Crosby s'est tiré une balle dans la tête », dit le commissaire.

Radek s'était levé. Il s'approcha de Maigret et, avec le regard d'un homme qui a retrouvé toute sa raison et toute son intelligence, il se mit à rire.

« Cette fois-ci, commissaire, la partie est bien perdue pour vous. C'est fini, vous n'y comprendrez jamais plus rien... Bon, eh bien, puisqu'il n'y a plus rien à faire, venez donc vous amuser avec nous. Faites donc comme Janvier. Il a compris, Janvier. On était toujours l'un derrière l'autre, ça n'était pas très amusant. Alors, j'ai eu une idée, puisqu'on ne pouvait pas se quitter. C'est bien vous, n'est-ce pas qui lui avez dit : « Suis Radek et ne le quitte pas » ? Le mieux, c'était d'être ensemble. Allez, venez donc faire la fête avec nous, commissaire. Regardez, les jolies filles ne manquent pas par ici...

— Il a raison, commissaire, venez donc... »

C'était Janvier, toujours souriant, les yeux à moitié fermés, qui venait de parler.

Dans la salle pleine de bruit, la musique se mit à jouer un air de danse.

« On se reverra demain », cria Maigret.

CHAPITRE 8

Radek parle, Maigret se taît

Maigret était arrivé à huit heures à son bureau. Ayant rempli sa pipe et pris une feuille de papier, il écrivit :

« 7 juillet : À minuit, Joseph Heurtin est vu dans un café de Saint-Cloud. À deux heures et demie, madame Henderson et sa domestique sont assassinées à coups de couteau. À quatre heures, Heurtin rentre chez lui.

8 juillet : À huit heures, Heurtin va chez son patron et fait son travail comme tous les jours.

9 juillet… »

C'était l'habitude de Maigret de reprendre ainsi, en quelques lignes, tous les moments d'une enquête difficile. Une façon de mettre ses idées en ordre.

Un inspecteur venait d'entrer ; Maigret lui serra la main sans lever les yeux de sa feuille où il venait d'écrire :

« Voir ce qu'a fait Crosby, hier, 18 octobre, de dix heures du matin jusqu'à son arrivée à Saint-Cloud. »

Il posa son stylo, relut ses notes. Ses yeux s'arrêtèrent à la date du 17 octobre : Radek, qui n'avait pas d'argent la veille, a maintenant cent mille francs. Cet argent est passé entre les mains de Crosby. Or, Crosby n'a pas vu Radek. Alors ? Oui, alors ?

Maigret, d'un mouvement rapide, se tourna vers le téléphone. Il appela La Coupole.

« Je voudrais savoir depuis combien de temps il n'est plus arrivé de lettre au nom de Radek. »

Quelques minutes après, il avait la réponse.

« Au moins dix jours. »

Il appela ensuite le petit hôtel où habitait Radek et posa la même question.

« Monsieur Radek n'a rien reçu depuis une semaine. »

Maigret, alors, appela la poste du quartier Raspail.

« Je voudrais l'employé qui s'occupait, hier, de la poste restante[1]. C'est pour la Police judiciaire... Oui, merci... Allô ! Mademoiselle, avez-vous eu, hier, un client assez jeune, maigre, avec des cheveux roux et très longs... Oui ? A-t-il retiré une lettre ?... C'était un paquet ?... Merci, mademoiselle. »

« Pas trop mal... », dit doucement quelqu'un derrière Maigret.

Le commissaire se retourna. Le Tchèque était là avec, aux lèvres, un sourire triste. Il prit une chaise et continua.

« Voilà donc que vous savez enfin quelque chose. Vous savez que

---

1 Poste restante : bureau, à la poste, où on peut se faire envoyer son courrier.

j'ai reçu de l'argent, hier matin, par la poste. Cet argent était, la veille, dans la poche de ce pauvre Crosby... Mais est-ce Crosby qui me l'a envoyé ? Voilà ce que vous ne savez pas !

— Comment êtes-vous entré ? Le gardien vous a laissé passer ?

— Il était occupé avec une vieille dame... J'ai fait comme si j'étais de vos amis, je n'ai rien demandé et je suis entré. »

Maigret le regarda un long moment. L'homme était fatigué, inquiet peut-être, mais le regard restait clair et intelligent.

« Vous avez quelque chose à me dire ?

— Je ne sais pas... peut-être. Est-ce que vous connaissez l'affaire Taylor ? Très intéressante ! L'affaire Taylor s'est passée en Amérique, il y a un peu plus de vingt ans. Taylor était un artiste, un homme de théâtre très connu. Un matin, on l'a retrouvé chez lui, assassiné. On a arrêté plusieurs suspects, des hommes de théâtre comme lui, et aussi de jolies femmes. Mais on n'a jamais trouvé de preuve, ni expliqué pourquoi on l'avait tué. Eh bien, celui qui était le chef de la police à ce moment-là a écrit un livre, voici quelques mois, et il parle de l'affaire Taylor. Et savez-vous ce qu'il dit ? Il dit ceci : « Depuis le commencement, la police a su qui avait tué Taylor. Mais les preuves manquaient ; un seul homme aurait pu parler mais il est mort dans les premiers jours de l'enquête. Même si l'assassin était venu dire à la police : « C'est moi, l'assassin », on n'aurait pas pu le condamner. Il y a tous les jours des fous qui disent des choses pareilles et personne ne peut être condamné sans preuves. Voilà pourquoi on n'a jamais arrêté l'assassin de Taylor. »

Radek alluma une cigarette. Maigret avait pris l'air ennuyé de quelqu'un qui perd son temps à écouter des histoires peu intéressantes.

« Vous avez quelque chose à me dire sur l'affaire Crosby ?, dit Maigret en ouvrant son paquet de tabac.

— Je peux vous dire beaucoup de choses sur Crosby, beaucoup de choses que tout le monde sait... D'abord que Crosby devait beaucoup d'argent, plus de dix mille francs... On lui prêtait facilement parce qu'il était le neveu de madame Henderson. Il a un autre oncle en Argentine plus riche encore. Un de ses cousins est directeur d'une très grande banque américaine... Lui, c'était le parent pauvre. Mais c'était quand même un Crosby. Alors, il attendait la mort de madame Henderson : c'était sa seule chance d'avoir un jour de l'argent... »

Maigret remplissait sa pipe, lentement. Il se taisait, et ce silence gênait Radek. Il aurait aimé que le commissaire pose des questions, discute avec lui, mais Maigret semblait penser à autre chose. Le Tchèque continua.

« Vous savez que les Crosby avaient beaucoup d'amis. On en a toujours quand on porte un grand nom et qu'on a des parents très riches... Mais de plus, il faut dire que Crosby était un homme très gai, très agréable, toujours prêt à s'amuser, à faire rire les gens qui vivaient avec lui. Et ce n'était pas seulement un gentil garçon, il était encore sportif, intelligent. Tout le monde l'aimait, surtout les femmes. La Suédoise, Edna Reichberg, était sa maîtresse, vous le savez ? »

Maigret ralluma sa pipe qui s'était éteinte et ne répondit pas.

« Je l'ai vu plusieurs fois à La Coupole, offrir à boire à quinze personnes qu'il connaissait plus ou moins et être obligé de demander dix francs au barman pour payer son taxi. Et pourtant, jamais il n'avait l'air inquiet, malheureux... La chance était toujours de son côté... Tenez, aux courses, il jouait toujours le bon cheval. Je crois pourtant que les beaux jours, pour lui, étaient finis. Les quinze millions de madame Henderson sont arrivés au bon moment pour le sauver d'une vilaine affaire : il avait imité la signature de sa bonne vieille tante pour se faire prêter de l'argent.

— Il s'est tué, dit Maigret. Et maintenant, qu'est-ce que vous êtes venu faire ici ? Je n'ai pas de temps à perdre. »

Le commissaire s'était levé et regardait Radek droit dans les yeux. Le Tchèque tourna la tête.

« Je suis venu parler avec vous... vous aider, oui, vous aider, commissaire. Ce que je vous ai dit sur Crosby était intéressant, non ? Mais je peux vous dire encore beaucoup de choses. Tenez, la Suédoise, la petite Reichberg, qui passe ses journées avec madame Crosby comme si elle était sa meilleure amie, eh bien, je vous l'ai dit : elle était la maîtresse de Crosby depuis un an. Crosby devait quitter sa femme et se marier avec Edna. Seulement, le père de mademoiselle Reichberg est un très riche industriel : il n'aurait pas marié sa fille à un homme sans argent. Je pourrais encore vous dire beaucoup de choses sur les gens de La Coupole. Tenez, le barman Bob, vous le voyez en veste blanche, la serviette sur le bras… Eh bien, il gagne cinq mille francs par mois. »

Maigret regardait toujours Radek qui perdait maintenant son calme.

« Pendant ce temps, continua le Tchèque en criant presque, pendant ce temps, Joseph Heurtin gagnait six cents francs par mois pour porter, dix heures par jour, des fleurs aux quatre coins de Paris.

— Et vous ?, dit Maigret.

— Oh ! moi… »

Il y eut un long silence. Maigret regardait Radek, assis face à la fenêtre, le visage en pleine lumière. Le front était large, les cheveux épais, couleur de feu, descendant sur les épaules. La chemise, vert foncé, sans cravate, était ouverte sur la poitrine. Radek n'était pas maigre, et pourtant la peau de son visage n'était pas celle d'un homme en bonne santé. Seuls, les yeux semblaient vivants, les yeux d'un fou peut-être, mais d'un fou très intelligent.

« Qu'allez-vous faire de Heurtin ?, demanda le Tchèque.

— Lui couper la tête », dit Maigret calmement.

Radek sourit, l'air méchant.

« Bien sûr, la vie d'un homme qui gagne six cents francs par mois, ça ne compte pas. Mais dites-moi, commissaire, Crosby, êtes-vous sûr qu'il s'est tué lui-même ? C'est si facile de tuer quelqu'un et de dire : le malheureux s'est tiré une balle dans la tête ! Tenez, j'aurais pu dire que c'était moi, l'assassin de Crosby, voilà qui aurait arrangé l'affaire. Mais, à cette heure-là, j'étais avec le gentil petit inspecteur Janvier !

– Où avez-vous rencontré Joseph Heurtin ? »

Cette question, Radek l'attendait sans doute, depuis longtemps.

« Où je l'ai rencontré ? Dans les journaux, comme tout le monde… Voyez-vous, commissaire, rien n'est simple dans cette affaire, je vous l'ai dit. Ce n'est pas une affaire pour vous… Oh ! vous êtes un policier assez intelligent, vous avez eu deux ou trois bonnes idées… Mais ce n'est pas assez, ici. Vous aviez une bonne place, commissaire ! Vous allez la perdre pour n'avoir pas compris que cette affaire était trop difficile pour vous. Perdre sa place à votre âge ! Il fallait laisser Heurtin dans sa prison. Voyons, qu'est-ce que ça gagne un commissaire de police, deux mille francs, trois mille ? La moitié de ce qu'un Crosby dépense au café pour boire avec ses amis. Car cette affaire n'est pas finie : la presse va savoir que Heurtin a voulu se tuer, juste au moment où Crosby, lui, se tirait une balle dans la tête, dans la maison de sa tante. Les journaux vont écrire Dieu sait quoi ! Et vous, pauvre petit commissaire, qu'est-ce que vous allez faire, au milieu de tout ça, vous qui ne pouvez même pas donner à vos chefs le plus petit commencement d'explication… ?

À votre place, commissaire, j'essaierais d'en trouver une et vite ! Tenez, j'arrêterais un homme qui n'a ni ami, ni famille bien placée, un Radek par exemple, dont la mère était domestique. Seulement, voilà, qu'est-ce qu'il a fait Radek ? Il n'a jamais dit un mot à Crosby, Crosby ne connaissait même pas son nom. Et demandez à Heurtin s'il connaît quelqu'un qui s'appelle Radek… Mais c'est moi que l'on fait suivre jour et nuit par un policier… Ah, dites-moi, est-ce que c'est toujours Janvier ? Je l'aime bien, le petit Janvier. Il boit mal, il n'a pas l'habitude mais il m'écoute, lui. Vous, vous faites comme si je parlais à ce mur, ou à cette chaise, mais je vais vous dire quelque chose, commissaire, oh ! ce n'est pas nouveau, mais je vous le dis encore : vous n'y comprendrez jamais rien. »

Avec un geste de colère, il prit son chapeau et sortit.

CHAPITRE 9

OUVREZ LE PLACARD, RADEK…

On avait mis Crosby en terre le 22 octobre. Le 23, à onze heures du soir, Radek finissait de dîner dans un restaurant du quartier des Champs-Élysées. À onze heures trente, il sortait, suivi de Maigret qui ne l'avait pas quitté une minute depuis trois jours.

Il prit un taxi. Maigret en prit un autre et la promenade commença. On suivit les quais, dans la direction d'Auteuil, puis on traversa la Seine. Bientôt, Maigret reconnut le chemin de La Citanguette. Radek fit arrêter le taxi à cent mètres du café, dit quelques mots au chauffeur puis, les mains dans les poches, s'approcha de La Citanguette et s'assit sur un tas de pierres. À minuit cinq, Maigret vit arriver un troisième taxi. Une femme en descendit et marcha vers l'auberge : c'était la femme de Crosby. Elle parla assez longtemps au patron puis tous les deux montèrent à l'étage. Bientôt, Maigret vit une fenêtre qui s'éclairait : c'était celle où Heurtin avait dormi.

Maigret s'était rapproché de Radek.

« Une cigarette, commissaire ? »

Maigret ne répondit pas. Là-haut, la jeune femme avait ouvert le lit, et regardait sous le matelas.

« Je crois qu'elle cherche quelque chose, n'est-ce pas, commissaire ? L'affaire se complique encore… »

Bientôt madame Crosby redescendit. Quand sa voiture fut à une centaine de mètres, les deux autres taxis se mirent en marche, l'un derrière l'autre.

Une demi-heure plus tard, on était à Saint-Cloud, devant la maison des Henderson. Madame Crosby chercha dans son sac, prit une clé et entra. Elle avait allumé une petite lampe de poche et Maigret, depuis la rue, suivait de fenêtre en fenêtre sa marche à travers la maison.

«Vous n'allez pas voir, commissaire ?»

Maigret regarda Radek et ne répondit pas.

« Ce n'est pas raisonnable, commissaire ! Et si demain on trouvait là-haut, le corps d'une nouvelle victime ?»

Maigret se taisait toujours. Enfin, au bout d'un quart d'heure, madame Crosby sortit de la maison. Elle tenait un paquet à la main.

«Voyez, commissaire, elle emporte quelque chose... Si vous regardiez... ?

— Dites-donc, Radek...

— Quoi ?

— Si nous allions voir dans la maison, maintenant, tous les deux ?

— Mais... »

Il avait l'air gêné.

« Allons, Radek, avancez. Je suis sûr qu'à nous deux, nous allons tout comprendre. Vous avez peur ?»

Radek se mit à rire mais il riait mal. Maigret avait sorti de sa poche une petite boîte qu'il ouvrit lentement. Radek le regardait et ne riait plus. C'était la boîte que Crosby lui avait envoyée avec la clé de la maison ; la clé y était toujours. Ils entrèrent.

« Montons, dit Maigret. Voyez comme c'est facile, l'assassin n'a pas eu plus de peine que nous : on a la clé, on ouvre, pas de gardien, pas de chien, deux vieilles femmes seules... »

Il avait l'air de se parler à lui-même. Arrivé au premier étage, Maigret ouvrit la porte de la chambre.

« Entrez, Radek... Vous êtes inquiet ? Malheureux peut-être ?

C'est sans doute de penser à ces deux pauvres femmes tuées à coups de couteau... et puisque nous parlons de couteau, savez-vous qu'on ne l'a jamais retrouvé ? D'abord, on a pensé que Heurtin l'avait jeté dans la Seine. Mais moi, j'ai une autre idée... Moi, je pense que ce couteau, l'assassin l'a caché ici même... Mais oui, et ce paquet que madame Crosby emportait tout à l'heure, c'était ça ! Mais où l'a-t-elle trouvé ? Aidez-moi, Radek, cherchez avec moi... Eh bien, mon ami, ça ne va pas ? Vous avez peur de trouver un autre mort ? Qui sait... dans cette armoire, là-bas. Ouvrez donc cette armoire, Radek... Allons, ouvrez ! »

« Eh bien, Radek, c'est un mort, une morte ?... Comment ! mais c'est une femme vivante ! Vous aviez raison, Radek, cette affaire est bien compliquée... ! »

Pendant qu'il parlait, une femme venait de sortir de l'armoire, très calme, et s'avançait vers Radek, qui la regardait les yeux remplis d'étonnement. C'était la Suédoise, Edna Reichberg.

« Eh bien, Radek, tu ne dis rien ? Tu continues de penser que je n'y comprends rien ? »

Maigret tournait le dos au Tchèque et faisait semblant de regarder par la fenêtre. Edna poussa un cri : Radek venait de sortir un revolver de sa poche et, par deux fois, tirait sur le commissaire. Mais les deux fois, on entendit un petit bruit sec : le pistolet était vide. Rapide comme l'éclair, Maigret s'était jeté sur l'homme qui roula sur le sol. Quand ils se relevèrent, quelques secondes plus tard, Radek avait les menottes[1] aux mains.

*   *

*

Le juge Coméliau écoutait Maigret avec l'air tranquille de quelqu'un qui a toujours pensé que tout finirait bien. N'avait-il pas permis à Maigret de faire évader Heurtin ? Lui, le juge Coméliau, avait eu beaucoup de courage dans toute cette affaire, oui, vraiment.

« Comme je vous l'ai dit au téléphone, monsieur le juge, je crois que tout sera simple maintenant. Il reste beau joueur, il a perdu la partie et il le dit. Voyez-vous, monsieur le juge, Radek avait raison, il y avait quelque chose de très compliqué dans cette affaire préparée par une sorte de fou et tout était arrangé pour tromper la police. Mais il y a quelque chose de plus compliqué encore : c'est l'esprit de cet assassin étonnant tout entier occupé par l'orgueil et l'envie de vengeance[2]. Très intelligent, il a pensé, tout enfant, qu'il serait un grand homme un jour. Pauvre, il souffrait de voir les riches moins intelligents arriver plus facilement

---

1 Les menottes : bracelets de fer avec lesquels on attache les mains d'un prisonnier.
2 Vengeance : le mal que l'on fait à qui vous a fait du mal.

que lui aux bonnes places. Il a obligé sa pauvre vieille mère malade à travailler comme domestique pour payer ses études. La pauvre malheureuse en est morte. Alors, il a connu la haine[3], une haine terrible pour ce monde si mal fait. Il a cherché une vengeance. Et au milieu des hommes qu'il voyait vivre autour de lui, Crosby était l'image même de ces gens qu'il voulait punir. Crosby, c'était l'anti-Radek. Radek, à La Coupole, voyait Crosby tous les jours. Il l'étudiait, le regardait vivre, parler, s'amuser. Il savait qu'un jour ou l'autre, les choses iraient mal pour cet homme trop heureux mais, au fond, sans courage et sans morale[4]. Radek a attendu. Un jour, il a entendu Crosby dire à des amis, pour plaisanter : « Je donnerais bien cent mille francs pour apprendre, dans mon journal, la mort de cette bonne vieille tante Henderson. »

Le soir même, Crosby recevait un mot : « D'accord pour les cent mille francs. Envoyez la clé, au nom de Dupont, poste restante, quartier Raspail ». Trois jours après, Radek reçoit la clé. Il va donc pouvoir se venger ; il va commettre un crime qui fera peur aux riches mais qui fera surtout peur à Crosby, car alors Crosby aussi sera coupable... Dans quelques jours, dans quelques heures, tous les journaux parleront du crime. Et lui, Radek, tranquillement assis à La Coupole, devant son café-crème, lira les journaux et verra l'inquiétude sur le visage de Crosby, un Crosby riche, mais dont la vie sera partagée entre le plaisir et la peur... Seulement il ne faut pas être pris... Il faut donc donner à la police un criminel, un criminel qui ne soit pas Radek. Ce criminel, il le trouve, c'est Heurtin.

Il a rencontré Heurtin dans un café. Ce Heurtin qui passe sa vie à lire des livres, à voir des films où de petits employés deviennent riches tout d'un coup et qui souffre d'être pauvre,

---

3 La haine : sentiment de celui qui veut vous faire beaucoup de mal.
4 La morale : dit ce que nous devons faire pour bien nous conduire dans la vie. Elle a des règles. Un homme sans morale ne les sait pas.

lui aussi, mais qui n'a pas l'intelligence de Radek. Radek devient son ami, lui dit qu'ils peuvent avoir, eux aussi et tout de suite, beaucoup d'argent. C'est facile, sans aucun danger... Un vol dans la maison de riches étrangers en voyage... Il n'y a pas de gardien, tout se passera bien et après... ils seront riches. Fini le travail à six cents francs par mois ! Heurtin, d'abord, a peur. Et puis, il dit oui, il est d'accord. Alors Radek prépare son plan... et la terrible machine se met en marche. Le sept juillet, à deux heures vingt, Radek, tout seul, tue les deux femmes, cache le couteau dans l'armoire et sort. À la même heure, Heurtin obéit aux ordres que son complice lui a donnés : il entre, monte à la chambre. Il ne doit pas allumer la lumière : on la verrait de la rue. L'argent est sous le matelas... mais voilà que les mains de Heurtin touchent le visage de la victime, il a les doigts pleins de sang. Alors il allume, voit la morte et descend comme un fou. Radek l'attend sur le trottoir. Il le prend par le bras.

« Maintenant, tu es mon complice[5], viens et tais-toi. »

Heurtin est comme un homme qui a reçu un coup sur la tête : il ne comprend rien à ce qui s'est passé.

« Si tu parles de moi, dit Radek, on ne te croira pas. Je n'ai pas laissé de trace, moi, là-haut. Tu ne sais même pas mon nom. Tu ne sais pas où j'habite. Tu vas être arrêté, condamné. Mais si tu te tais, je t'aiderai ; un jour, je te ferai évader. »

Heurtin l'écoute, comme dans un rêve. Et il est arrêté. Tout l'accuse : il a laissé des traces partout. Il est condamné. Et il attend... Et voilà qu'un jour, ce que Radek a promis arrive : il peut s'évader. Vous savez la suite, monsieur le juge.

— Pourquoi Radek a-t-il écrit au *Sifflet* quand Heurtin s'est évadé ?

— Je vous l'ai dit, cet homme est orgueilleux. Pendant longtemps, il n'a rien dit. Il n'a même pas demandé les

---

5 Complice :. une personne qui aide le criminel.

cent mille francs à Crosby. Son plan avait réussi : lui, le petit étudiant, le pauvre entre les pauvres, il avait trompé la police et il faisait peur au riche et beau Crosby. Car Crosby avait peur, cela n'échappait pas à l'œil de Radek. Mais quand l'affaire est repartie, après l'évasion de Heurtin, il n'a pas pu s'empêcher d'y jouer à nouveau un rôle ; son orgueil, encore une fois, le poussait en avant. Toute la comédie qu'il m'a jouée, ces derniers jours, c'était comme pour dire : « Oui, c'est moi le coupable mais prouve-le, si tu es assez intelligent ! » Je ne suis peut-être pas très intelligent, mais quand je suis une affaire, je vais jusqu'au bout. Et je connais mon métier.

— Mais toute cette histoire à la fin, madame Crosby à La Citanguette, mademoiselle Reichberg dans son placard...

— Je vous l'ai dit, Radek est un comédien, il prend son plaisir à compliquer le jeu. Et puis, peut-être, il sent que je suis sur la bonne piste. Alors, il écrit deux lettres, une à madame Crosby où il lui dit que mademoiselle Reichberg est la maîtresse de son mari et aussi qu'ils ont tué ensemble madame Henderson. Le couteau, l'arme du crime, est ou à La Citanguette, ou dans le placard, à Saint-Cloud. Il faut retrouver ce couteau qui accuse Crosby car un assassin ne peut recevoir l'argent de sa victime, cet argent qui est maintenant celui de madame Crosby et que la Justice va lui reprendre, si tout se sait. L'autre lettre est pour mademoiselle Reichberg. À elle, il dit que madame Crosby est coupable et que, pour le prouver, elle doit reprendre le couteau dans le placard. Radek a dit aux deux femmes de venir le même jour, à la même heure. Deux femmes qui ont maintenant de la haine l'une pour l'autre vont se rencontrer. Alors, pourquoi pas un nouveau crime ? Ce sera une nouvelle fausse piste où la police va se lancer... Seulement voilà, Radek est pressé, il ne met pas ses lettres à la poste, il les fait porter au bureau du George V, où un de mes hommes est là, jour et nuit. Et c'est moi qui lis les lettres... moi aussi qui les remplace par d'autres qui vont changer toute la fin de l'histoire… »

Radek allait passer devant les juges. La veille, Maigret l'avait revu. Il avait trouvé un Radek calme et souriant.

« Je sais que je vais être condamné et que je vais mourir mais je n'ai pas peur. J'ai vu, en Allemagne, un condamné qu'on menait à la mort. Jusqu'à la dernière minute, il a été très courageux et puis, tout d'un coup, il s'est mis à pleurer et à crier, il appelait sa mère. Moi, je ne crierai pas. J'aimerais que vous soyez là, commissaire. Vous verrez ce que c'est qu'un homme qui n'a pas peur de mourir, c'est une belle chose. »

Ce ne fut pas une belle chose. Ce matin de janvier, il faisait terriblement froid. Maigret, le cou rentré dans les épaules, les mains dans les poches de son manteau, attendait. Il avait promis à Radek qu'il serait là, il était là.

On entendit enfin rouler une voiture, puis un bruit de portes et des ordres rapides. Radek, les mains attachées derrière le dos, descendit de voiture et s'avança. Il était toujours aussi calme. Ses yeux cherchaient Maigret. Quand il le vit, son visage s'éclaira d'un sourire : la comédie allait finir, mais il allait jouer son rôle[6] jusqu'au bout en grand artiste… C'est alors que son pied glissa sur le sol, à cet endroit couvert de glace. Radek tomba sur le dos. À la seconde même, deux policiers le relevaient. Alors, le condamné se tourna vers Maigret.

« Même ça, je l'ai manqué, dit-il avec un sourire triste. Merci quand même d'être venu, commissaire. Et allez vite retrouver votre femme, elle vous a préparé du café. »

Maigret tourna la tête. C'était vrai, sa femme l'attendait et elle avait préparé du café. Mais madame Maigret ne revit pas son mari ce matin-là. Il ne revint de son bureau que tard, très tard, dans la soirée.

---

6 Rôle : ce que fait et dit un artiste au théâtre.

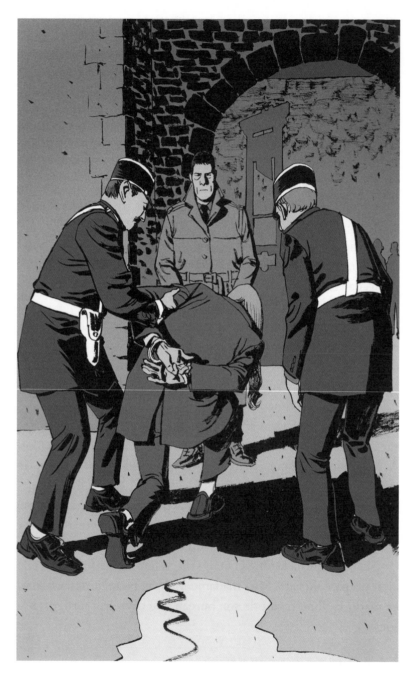

Activités

1 Retrouvez les personnages qui apparaissent dans ce premier chapitre.

Heurtin – Janvier – Coméliau – Dufour – Maigret –

les gardiens – Gassier

1. Ils se reposent entre deux surveillances. ➜ ....

2. Il exerce la profession de juge. ➜ ....

3. Il dirige la prison. ➜ ....

4. Il a reçu une lettre quelques jours auparavant. ➜ ....

5. Il est commissaire de police. ➜ ....

6. Il est chargé de suivre l'évadé. ➜ ....

7. Il téléphone au commissaire pour tenir le commissaire au courant. ➜ ....

2 piste 1 → **Avez-vous bien compris ? Écoutez le premier chapitre et choisissez la réponse qui convient.**

1. Le prisonnier Heurtin a été condamné à :
  ☐ **a.** 25 ans de prison.
  ☐ **b.** la prison à vie.
  ☐ **c.** mort.

2. Des hommes attendent de l'autre côté du mur. Il s'agit :
  ☐ **a.** de Maigret accompagné de deux autres hommes.
  ☐ **b.** des complices de Heurtin.
  ☐ **c.** des gardiens de prison.

3. Pour s'évader, Heurtin se sert :
  ☐ **a.** d'une corde.
  ☐ **b.** d'une échelle.
  ☐ **c.** d'une chaise.

4. Heurtin a été reconnu coupable :
- ☐ **a.** d'un cambriolage.
- ☐ **b.** d'un assassinat.
- ☐ **c.** d'un vol dans une banque.

5. Après son évasion, Heurtin se rend :
- ☐ **a.** chez sa mère.
- ☐ **b.** dans une auberge.
- ☐ **c.** chez des amis.

3 💿 **piste 1 → Écoutez une deuxième fois le premier chapitre et complétez le résumé du début du chapitre avec des verbes à l'imparfait.**

Le prisonnier numéro 9 .... assis sur son lit. Ses doigts maigres .... ses genoux repliés. Aucune pensée ne .... sur son visage triste. De l'autre côté du mur, le condamné numéro 10 pleurait, ..., ... De toute cette grande prison, aucun autre bruit .... Seuls .... les cris du numéro 10.

4 **Écrivez la lettre que Heurtin a reçue.**

....

....

....

....

5 **Il est surprenant de voir qu'un commissaire pousse un prisonnier à s'évader. Imaginez pour quelles raisons il a agi ainsi.**

....

....

....

....

1 🔘 piste 2 → **Écoutez le chapitre 2 et dites si les affirmations sont vraies ou fausses. Justifiez lorsque vous pensez que c'est faux.**

		Vrai	Faux
1.	L'auberge *La Citanguette* est fermée pendant le week-end.	☐	☐
2.	Elle se trouve dans un endroit isolé.	☐	☐
3.	Le commissaire Maigret prend une chambre dans un hôtel.	☐	☐
4.	Le journal *Le Sifflet* a annoncé que l'évasion avait eu lieu grâce à la police.	☐	☐
5.	Le commissaire Maigret demande à Dufour d'enquêter auprès du journal.	☐	☐
6.	Le crime pour lequel Heurtin a été condamné a eu lieu en fin de semaine.	☐	☐
7.	Madame Henderson et sa fille ont été assassinées.	☐	☐

Justification :

....

....

....

2 **Répondez aux questions.**

1. Pourquoi Maigret prend-il une chambre dans un hôtel ?

....

2. Pourquoi le juge Coméliau est-il inquiet ?

....

3. À quoi pense Maigret ?

....

4. Avant d'être emprisonné, où habitait Heurtin ?

....

5. Après le meurtre des deux femmes, qu'est-ce qui a mis la police sur la piste de Heurtin ?

....

6. Pourquoi Maigret a-t-il voulu faire évader Heurtin ?

....

3 Relisez la partie du chapitre où Maigret repense au meurtre des deux femmes et reconstituez la chronologie des événements.

1. Comme tous les jours, le jardinier est arrivé pour travailler chez Madame Henderson.

2. Maigret a arrêté Heurtin.

3. Heurtin est rentré à quatre heures du matin.

4. Les policiers ont retrouvé les deux femmes assassinées.

5. Heurtin a bu beaucoup d'alcool dans un café.

6. Le jardinier a téléphoné à la police.

Ordre chronologique : ....

4 En vous aidant des caractéristiques physiques données dans le premier chapitre ainsi que des témoignages de ses employeurs et des ses voisins, écrivez le portrait de Heurtin.

....

....

....

....

....

....

....

....

....

....

1 💿 piste 3 → **Avez-vous bien compris ? Écoutez le chapitre 3 et choisissez la réponse qui convient.**

1. Au début du chapitre, Maigret attend toujours.
- ☐ **a.** Il est allongé dans sa chambre d'hôtel.
- ☐ **b.** Il est assis dans un fauteuil.
- ☐ **c.** Il est debout à côté de la fenêtre.

2. Le journal *Le Sifflet* a été informé par une lettre anonyme. Le papier à lettres vient :
- ☐ **a.** du café *La Citanguette*.
- ☐ **b.** d'un hôtel bon marché.
- ☐ **c.** de *La Coupole*.

3. Le journal du soir vient d'être déposé à *La Citanguette*. Il est apporté par :
- ☐ **a.** un marchand de journaux.
- ☐ **b.** un employé de la poste.
- ☐ **c.** le patron du café.

4. Un homme a été frappé par Heurtin. Il s'agit :
- ☐ **a.** de Dufour.
- ☐ **b.** du commissaire Maigret.
- ☐ **c.** d'un garçon de café.

2 **Barrez les intrus.**
1. auberge – restaurant – café – cellule
2. journal – éditorial – lettre – article
3. journaliste – policier – commissaire – gendarme
4. cambrure – blessure – coupure – brûlure

3 **Transformez les phrases à la forme passive.**
1. Un inconnu a envoyé une lettre au journal *Le Sifflet*.

....

2. Le laboratoire de la Police judiciaire a identifié l'origine du papier à lettres.

....

3. Heurtin a frappé Dufour.

....

4. Quelqu'un a tiré un coup de revolver.

....

4 Heurtin a réussi à s'échapper. Où va-t-il aller ? Que va-t-il faire ? Quelles pourraient être les conséquences pour Maigret ?

....

....

....

_____ CHAPITRE **4** _____

1 Lisez les premières phrases du chapitre. En reprenant les éléments donnés, imaginez et écrivez les reproches adressés à Maigret par le juge Coméliau.

C'est incroyable, vous avez laissé échapper le criminel ! Vous auriez dû faire appel à plus de policiers, vous ....

....

....

2 🎵 piste 4 → Écoutez le passage du chapitre où Moers rend compte à Maigret du résultat des analyses qu'il a faites sur le papier à lettres. Dites si les affirmations sont vraies ou fausses. Justifiez lorsque vous pensez que c'est faux.

	Vrai	Faux
1. Le billet a été écrit avec de l'encre.	☐	☐
2. Il a été écrit sur une table de la grande salle.	☐	☐
3. L'homme qui a écrit la lettre est droitier.	☐	☐
4. Il n'est pas très instruit.	☐	☐
5. Il est polyglotte.	☐	☐
6. Cet homme a renversé du thé sur le papier à lettres.	☐	☐

Justification :

....

....

3 **Maigret se rend à *La Coupole* et observe les clients. Relevez les cinq erreurs dans le résumé de ce passage du chapitre.**

Maigret s'assit dans la grande salle, comme tout le monde. Quelques clients entraient de temps en temps. Certains des habitués s'interpellaient en anglais. Ils connaissaient bien le directeur qu'ils appelaient familièrement par son prénom, Bob. Maigret observait ce va-et-vient mais il s'intéressait particulièrement à quatre personnes qui venaient d'entrer.

4 **Associez.**

1. Il est très connu à Paris.

2. Il a les cheveux longs.

3. Il semble orgueilleux.

4. C'est le neveu de Mme Henderson.

5. Son costume est très usé.

6. Il boit un café au lait.

7. Il a une voiture de sport.

a. L'homme aux cheveux roux

b. William Crosby

1	2	3	4	5	6	7

5 **À la fin du chapitre, Maigret a vu quelqu'un s'approcher de *La Coupole*. Qui a-t-il reconnu ? Que va faire le commissaire ?**

....

....

....

....

....

1 **Choisissez les quatre adjectifs qui correspondent à la description de Heurtin.**

rêveur – triste – sale – moqueur – apeuré – joyeux – fatigué – souriant

1. ....

2. ....

3. ....

4. ....

2 💿 piste 5 →**Avez-vous bien compris ? Écoutez le chapitre 5 et choisissez la réponse qui convient.**

1. Crosby s'absente pour téléphoner.
☐ **a.** Il reporte un rendez-vous important.
☐ **b.** Il s'entretient avec un éventuel acheteur.
☐ **c.** Il doit appeler son patron.

2. Quand Crosby sort du restaurant :
☐ **a.** il est surpris de voir Heurtin.
☐ **b.** il n' a pas un seul regard pour Heurtin.
☐ **c.** Heurtin semble le reconnaître.

3. L'homme aux cheveux roux semble se moquer de :
☐ **a.** Maigret.
☐ **b.** Heurtin.
☐ **c.** Crosby.

4. L'homme aux cheveux roux est arrêté.
☐ **a.** Il n'a pas d'argent pour payer son repas.
☐ **b.** Il a insulté les serveurs.
☐ **c.** Il a parlé à Heurtin.

5. L'homme aux cheveux roux est de nationalité :
☐ **a.** française.
☐ **b.** suédoise.
☐ **c.** tchèque.

3 **Qui dit quoi ? Associez puis reformulez les phrases en utilisant le discours rapporté au passé.**

1. Crosby •   • « Je viendrai payer demain. »
2. Un garçon •   • « Qu'est-ce que vous buvez ? »
3. Maigret •   • « Vous restez ? »
4. Radek •   • « Je vais le faire partir. »
5. Le patron •   • « Appelez-moi les agents ! »

1. Crosby demanda au commissaire Maigret ....
2. Un garçon dit ....
3. Maigret demanda à Janvier ....
4. Radek s'excusa en disant ....
5. Le patron demanda à Paul ....

4 **Trouvez la solution à cette charade.**

Mon premier est la onzième lettre de l'alphabet.

Mon deuxième n'est pas mort.

On dit du cinéma que c'est le septième .... :
c'est le nom de mon troisième.

Mon tout est ce que Radek commande à *La Coupole*
sans pouvoir le payer.

Solution : ....

5 **Comparez le comportement de Radek à *La Coupole* avec le titre du chapitre. À votre avis, Radek a-t-il agi parce qu'il est « un client peu sérieux » ? ou a-t-il d'autres motivations ? Pourquoi a-t-il voulu se faire arrêter ?**

....
....
....
....
....

1 🎧 piste 6 → **Avez-vous bien compris ? Écoutez le chapitre et dites si les affirmations sont vraies ou fausses. Justifiez lorsque vous pensez que c'est faux.**

	Vrai	Faux
1. Crosby affirme ne pas connaître Radek.	☐	☐
2. Janvier a perdu la trace de Radek.	☐	☐
3. Heurtin a passé la nuit dans un hôtel.	☐	☐
4. Radek dit qu'il connaissait bien Madame Henderson.	☐	☐
5. Maigret visite la chambre des Crosby et trouve une liasse de billets.	☐	☐
6. Heurtin a tenté de se suicider avec une corde.	☐	☐

Justification :

....

....

2 🎧 piste 6 → **Réécoutez le début du chapitre puis complétez le résumé avec des verbes au plus-que-parfait.**

Maigret partit de chez lui à sept heures du matin. Il .... dans la nuit et .... Avant de passer la porte, il .... sa femme sans rien dire. Il regarda le passeport du Tchèque : presque toutes les pages .... Donc, Jean Radek .... La veille, Maigret .... avec lui. Il savait que Radek .... son père et que sa mère .... à Paris comme domestique.

3 **Barrez les intrus.**

1. passeport – visa – identité – traduction.
2. palace – suite – chambre – guichet.
3. restaurant – consigne – commande – addition.
4. marche – flânerie – promenade – voyage.
5. monnaie – tampon – billets – argent.

4 Relisez le passage où Lucas raconte comment il a filé Heurtin et remettez les phrases dans l'ordre chronologique.

1. Il est arrivé au bord de la Seine.

2. Il a marché pendant des heures.

3. Il est allé chez son père.

4. Il a acheté une assiette de soupe.

5. Il a quitté *La Coupole*.

6. Il est parti vers Charenton.

Ordre : ....

5 Relisez le passage où Lucas raconte les circonstances du suicide de Heurtin et écrivez-en un bref résumé.

....

....

....

6 Maigret a la confirmation que les billets que possède Radek sont bien ceux que Crosby a fait chercher à la banque la veille. À votre avis, quel est le lien entre les deux personnages ? Que commence à deviner Maigret ?

....

....

....

CHAPITRE 7

1 Avant de prendre connaissance de ce chapitre, expliquez-en le titre : « Un homme dans la maison du crime » : à votre avis, de quel homme s'agit-il ? de quelle maison ? Que va-t-il se passer dans les pages qui suivent ?

....

....

....

2 🔘 piste 7 → **Écoutez la première partie du chapitre et répondez aux questions.**

1. Comment Maigret comprend-il qu'il n'est pas seul dans la maison ?

....

2. Pourquoi le juge Coméliau est-il en colère ?

....

3. Qui Maigret va-t-il voir au *Georges V* et pourquoi ?

....

4. Avec qui Radek a-t-il passé la soirée ?

....

3 **Maigret raconte comment Crosby s'est tué. Reconstituez le récit dans l'ordre chronologique. Conjuguez les verbes au passé composé.**

entendre du bruit – se sauver – descendre les escaliers – traverser plusieurs pièces – s'enfermer à clé – se tirer une balle dans la tête.

Crosby était dans la chambre de sa tante. Il..

....

....

....

....

4 **Lisez la suite du chapitre et dites si les affirmations sont vraies ou fausses. Justifiez lorsque vous pensez que c'est faux.**

	Vrai	Faux
1. Quand Maigret arrive à l'hôtel, Mme Crosby est seule.	☐	☐
2. Les Crosby ne sont jamais retournés à Saint-Cloud.	☐	☐
3. De retour à son bureau, Maigret trouve un message du juge Coméliau.	☐	☐
4. Radek et Janvier ont quitté *La Coupole* en bus.	☐	☐
5. *Le Pélican* est un café pour jeunes de familles riches.	☐	☐
6. Maigret est furieux parce que Janvier a bu de l'alcool.	☐	☐

Justification : ....

1 🔘 piste 8 → **Avez-vous bien compris ? Écoutez le début du chapitre. Écrivez la date et l'heure des événements.**

1. Heurtin se rend à son travail.

→ ....

2. Joseph Heurtin est vu dans un café de Saint-Cloud.

→ ....

3. Heurtin rentre chez lui.

→ ....

4. Madame Henderson et sa domestique sont assassinées.

→ ....

2 **Radek raconte à Maigret une affaire judiciaire qui a eu lieu en Amérique. Résumez cette affaire. À votre avis, pourquoi en parle-t-il à Maigret ?**

....

....

....

3 **Trouvez les six erreurs du témoignage de Radek concernant Crosby.**

Les Crosby avaient très peu d'amis. C'était un homme très gai, il riait facilement des plaisanteries des autres. C'était aussi un gentil garçon, sportif, intelligent. Il avait peu d'argent et cela l'inquiétait beaucoup. Et en plus, il n'avait pas de chance. Edna Reichberg était sa maîtresse, elle voulait se marier avec lui mais lui refusait car le père de mademoiselle Reichberg était un homme de condition modeste.

....

....

....

....

....

4 À la fin de ce chapitre, tout semble faire croire que Radek est l'assassin que cherche Maigret. À votre avis, comment le commissaire va-t-il le prouver ?

....

....

....

....

....

CHAPITRE 9

1 🔘 piste 9 → **Avez-vous bien compris ? Écoutez le début du chapitre 9 et choisissez la réponse qui convient.**

1. Un troisième taxi arrive devant *La Citanguette*.
Quelqu'un en descend. Il s'agit de :
☐ **a.** Radek.
☐ **b.** Madame Crosby.
☐ **c.** Janvier.

2. Madame Crosby ressort de la maison de Saint-Cloud.
Dans ses mains, elle tient :
☐ **a.** un paquet.
☐ **b.** un sac.
☐ **c.** un trousseau de clés.

3. L'arme du crime des deux femmes était :
☐ **a.** un couteau.
☐ **b.** un revolver.
☐ **c.** un fusil.

4. Dans la chambre, Maigret demande à Radek d'ouvrir :
☐ **a.** un tiroir.
☐ **b.** une grande malle.
☐ **c.** la porte d'une armoire.

5. Le coup de revolver a été tiré par :
- ☐ **a.** Edna Reichberg.
- ☐ **b.** Radek.
- ☐ **c.** un policier.

2 **Maigret explique à Maigret les raisons d'agir de Radek. Réécoutez ce passage et complétez le résumé avec les verbes aux temps et aux modes qui conviennent.**

Pendant toute son enfance, Radek .... qu'il .... un jour un grand homme. Pauvre, il .... de voir les riches moins intelligents réussir mieux que lui. Il .... sa pauvre vieille mère à travailler. Quand sa mère ...., il .... la haine, il .... une vengeance. Au milieu des hommes qu'il .... vivre autour de lui, Crosby .... l'image même de ces gens qu'il .... punir. Il le .... vivre. Il .... qu'un jour ou l'autre, les choses .... mal pour cet homme trop heureux mais sans morale.

3 **Classez ces sentiments et ces comportements dans le tableau.**

vengeance – haine – gentillesse – orgueil –
amabilité – jalousie – gaieté – honnêteté – roublardise –
mensonge – franchise – prévenance

Positif	Négatif
....	....
....	....
....	....
....	....
....	....
....	....

En septembre 1929, Georges Simenon a vingt-six ans. Il a déjà écrit près de deux cents romans et plus de mille contes et nouvelles sous un pseudonyme. Mais il veut maintenant publier sous son vrai nom. Il a déjà le nom et la fonction de son personnage principal : une silhouette lourde, silencieuse, qui occupe le poste de commissaire de police. C'est la naissance du commissaire Maigret, un policier plus psychologue que justicier. En 1931, la première enquête de Maigret est publiée : il s'agit de *Pier-le-Letton*. Le succès est immédiat. Simenon vient de créer un personnage de légende.

Simenon va donner la vie à son personnage pendant quarante ans. Il écrit soixante-seize romans et vingt nouvelles sur les aventures du commissaire. Ces romans ont souvent été adaptés au cinéma par divers réalisateurs parmi les plus réputés. De même, deux longues séries ont connu un succès important à la télévision avec Jean Richard puis Bruno Crémer dans le rôle de Maigret.

1 Qui sont-ils ? Associez chaque définition à un personnage.

Le commissaire qui mène l'enquête. •   • Edna Reichberg

Le policer chargé de suivre l'évadé. •   • Radek

L'homme que la police fait évader. •   • Coméliau

L'assassin de madame Henderson
    et de sa domestique. •   • Maigret

                        • Crosby

La jeune Suédoise. •

                        • Dufour

Le policier qui reçoit un coup violent
    sur la tête. •   • Janvier

Le juge qui suit l'enquête. •   • Heurtin

2 Reprenez les informations données tout au long du roman et remplissez la fiche de renseignements sur Radek.

FICHE DE RENSEIGNEMENTS

Nom : .... Prénom : ....

Âge : .... Lieu de naissance : ....

Nationalité : .... Études : ....

Physique : ....

Cheveux : .... Vêtements : ....

Caractère : ....

Père : .... Mère : ....

---

3 Choisissez le bon résumé de *La Tête d'un homme*. Relevez les erreurs dans les deux autres résumés.

1. Radek est l'assassin des deux femmes mais c'est Heurtin qui est accusé. Radek se venge en tuant des riches car il a toujours été pauvre. Il est très intelligent mais il aime trop jouer avec les gens. Son orgueil lui fait faire des erreurs et il est condamné à mort.

2. Radek est l'assassin des deux femmes mais il utilise Heurtin qui est condamné. Radek a toujours été pauvre et il veut donc voler le riche Crosby. Il trompe Maigret qui pense que c'est Madame Crosby la coupable. Radek est emprisonné puis relâché.

3. Heurtin est l'assassin des deux femmes mais Radek veut le sauver. Il le fait évader avec l'aide du commissaire Maigret. Maigret pense que Crosby s'est servi de la naïveté de Heurtin pour le pousser à tuer. Radek, furieux contre Crosby, le tue. Maigret l'arrête et Radek est condamné à mort.

4 Choisissez la bonne définition.

1. La personne qui a commis un crime est :

☐ **a.** le voleur.
☐ **b.** le suspect.
☐ **c.** le coupable.

2. Soupçonner quelqu'un, c'est :
- ☐ **a.** se méfier de quelqu'un.
- ☐ **b.** croire que quelqu'un est coupable.
- ☐ **c.** interroger quelqu'un.

3. Avouer un crime, c'est :
- ☐ **a.** commettre un crime.
- ☐ **b.** dire qu'on est coupable.
- ☐ **c.** raconter un crime.

4. La peine capitale est :
- ☐ **a.** la condamnation à mort.
- ☐ **b.** la tristesse ressentie par la famille de la victime.
- ☐ **c.** la condamnation à une longue peine de prison.

5. Se venger, c'est :
- ☐ **a.** frapper quelqu'un très fort.
- ☐ **b.** punir quelqu'un qui nous a fait du mal.
- ☐ **c.** condamner quelqu'un.

5 **Cherchez sur Internet des extraits des deux séries télévisées et comparez les acteurs qui interprètent le commissaire Maigret. Quels sont les traits physiques en commun aux deux acteurs ? Quels sont les traits physiques différents ? Ces deux acteurs correspondent-ils au personnage que vous aviez imaginé ?**

....

....

....

....

....

....

6 **À la fin du roman, Radek est condamné à mort et exécuté. La peine de mort n'existe plus en France. Savez-vous depuis quand ? Faites de recherches sur Internet et préparez un bref exposé oral sur l'histoire de la peine de mort en France.**

L'île de la Cité

Le quai des Orfèvres, où travaille Maigret est le siège de la Police judiciaire. Il se situe en plein cœur de Paris, sur l'île de la Cité. Tout près, se trouve la petite place Dauphine : de forme triangulaire, elle a été construite par Henri IV au début du XVIIe siècle. Ses maisons en brique rouge et ses rez-de-chaussée en arcades en font tout le charme. C'est ici que Maigret a l'habitude de venir boire son café.

Montparnasse et *La Coupole*

Une grande partie de *La Tête d'un homme* se passe à *La Coupole*, dans le quartier de Montparnasse. Dans les années 1920, que l'on a appelé *les Années folles*, ce quartier était le cœur de la vie intellectuelle et artistique à Paris. On pouvait y rencontrer des artistes du monde entier : des écrivains comme Sartre, Hemingway ou William Faulkner, des sculpteurs tels que Giacometti ou encore des peintres dont le plus célèbre est probablement Pablo Picasso. La vie nocturne de ce quartier est également passée dans la légende. En effet, à la même époque, de nouveaux cafés restaurants de luxe ouvrent leurs portes et rencontrent un grand succès, notamment auprès des Américains. Le 20 septembre 1927, un nouvel établissement est inauguré : *La Coupole*. Aujourd'hui encore, son restaurant reste un lieu de grande cuisine réputé. Par ailleurs, la rue de la Gaîté est aujourd'hui encore la rue des théâtres et du music-hall, autour du célèbre *Bobino*, une salle de spectacle qui accueille tous les arts de la scène : concerts, danse, théâtre, humour…

La gare Montparnasse qui dessert la Bretagne a fait de ce quartier le « fief » des Bretons de Paris : en témoignent les nombreuses crêperies dans les rues aux alentours de la gare.

1 Numérotez ces différents lieux du récit dans leur ordre d'apparition dans le roman.

- ☐ *La Coupole*
- ☐ Le café *Le Pélican,* rue des Écoles
- ☐ L'hôtel *Georges V*
- ☐ *La Citanguette* près d'Issy-les-Moulineaux

☐ La maison de Saint-Cloud
☐ Le bureau du quai des Orfèvres
☐ Nandy
☐ Rue Monsieur-le-Prince

2 **Sur la carte ci-dessous, situez tous les noms des lieux suivants :**

Quartier latin, Montparnasse, Île de la Cité, Notre-Dame,
Quai des Orfèvres, musée du Louvre, Issy-les-Moulineaux.

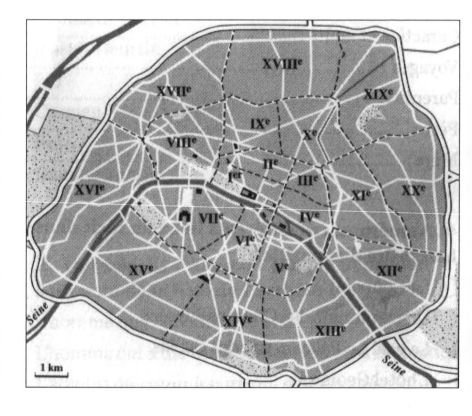

3 Faites des recherches sur Internet et dites quel quartier évoquent les
illustrations ci-contre.
Écrivez le numéro des illustrations au bon endroit.

1. Île de la Cité : documents n° ...., ..., ..., ...

2. Montparnasse : documents n° ...., ..., ..., ...

4 Ces artistes ont fréquenté le quartier de Montparnasse. Attribuez à chacun son domaine d'activité (pour certains, plusieurs réponses sont possibles).

Marc Chagall •
Guillaume Apollinaire •
le Douanier Rousseau •
Fernand Léger •   • Littérature
Constantin Brancusi •
Jean Cocteau •   • Peinture
Antoine Bourdelle •
Blaise Cendrars •   • Sculpture
André Breton •
Salvador Dali •

CORRIGÉS

CHAPITRE 1

1. 1. Les gardiens - 2.Coméliau - 3.Gassier - 4. Heurtin - 5. Maigret - 6. Janvier - 7. Dufour.

2. 1. c - 2. a - 3. a - 4. b - 5. b.

3. était, serraient, se lisait, criait, hurlait, n'arrivait, s'entendaient

CHAPITRE 2

1. 1. faux - 2. vrai - 3. vrai - 4. vrai - 5. faux - 6. faux. - 7. faux.

Justification :

1. L'affichette indique qu'on y danse le samedi et le dimanche.

5. L'inspecteur Lucas est chargé d'enquêter.

6. Le crime a eu lieu un mercredi.

7. Madame Henderson vivait seule avec sa vieille domestique : elles ont toutes deux été assassinées.

2. 1. Il veut surveiller facilement ce qui se passe à l'auberge.

2. *Le Sifflet* a annoncé que la police avait fait évader Heurtin.

3. Il repense à l'assassinat pour lequel Heurtin a été condamné.

4. Il vivait dans une chambre au 6ᵉ étage de la rue Monsieur le Prince.

5. De nombreuses preuves ont conduit à lui.

6. Maigret espère que le vrai coupable va commettre des erreurs et pourra être démasqué.

3. Ordre chronologique :

5, 3, 1, 6, 4, 2.

CHAPITRE 3

1. 1. a. - 2. c. - 3. a. - 4. a.

2. 1. cellule - 2. lettre - 3. journaliste - 4. cambrure.

3. 1. Une lettre a été envoyée par un inconnu au journal *Le Sifflet*.

2. L'origine du papier à lettres a été identifiée par le laboratoire de la Police judiciaire.

3. Dufour a été frappé par Heurtin.

4. Un coup de revolver a été tiré.

CHAPITRE 4

2. 1. vrai - 2. faux - 3. vrai - 4. faux - 5. vrai - 6. faux.

Justification :

2. Il a été écrit au petit bar.

4. L'homme a fait des études.

6. Il a renversé du café au lait.

3. 1. Des clients entraient et sortaient sans arrêt. - 2. Les habitués se parlaient dans toutes les langues. - 3. Bob était le barman en chef. - 4. Maigret observait deux ou trois clients. - 5. Ces personnes étaient assises et buvaient, seules.

4. 1. b - 2. a - 3. a - 4. b - 5. a - 6. a - 7. b.

CHAPITRE 5

1. 1. triste - 2. sale - 3. apeuré - 4. fatigué.

2. 1. b - 2. b - 3. a - 4. a - 5. c.

3. 1. s'il restait. - 2. qu'il allait le faire partir. - 3. ce qu'il buvait. - 4. qu'il viendrait payer le lendemain - 5. d'appeler les agents.

4. Caviar (k – vit – art)

CHAPITRE 6

1. 1. vrai - 2. vrai - 3. faux - 4. faux - 5. faux - 6. vrai.

Justification :

3. Il a marché pendant des heures puis il s'est rendu chez son père.

4. Radek affirme ne connaître aucun des protagonistes de l'affaire.

5. Maigret ne trouve aucun indice dans la chambre.

2. était rentré, avait mal dormi, avait embrassé, avaient servi, avait beaucoup voyagé, avait longtemps parlé, n'avait jamais connu, avait travaillé.

3. 1. traduction - 2. guichet - 3. consigne - 4. voyage - 5. tampon.

4. Ordre chronologique :

5, 2, 4, 1, 6, 3.

CHAPITRE 7

2. 1. Il sent une odeur de tabac et il entend un bruit dans les escaliers.

2. Pour lui, puisque Heurtin a été jugé, il n'est pas nécessaire de revenir en arrière.

3. Il va annoncer à Madame Crosby le décès de son mari.

4. avec l'inspecteur Janvier.

3. Il a entendu du bruit, il s'est sauvé, il a descendu les escaliers, il a traversé plusieurs pièces, il s'est enfermé à clé et il s'est tiré une balle dans la tête.

4. 1. faux - 2. vrai - 3. faux - 4. faux - 5. vrai - 6. vrai.

Justification :

1. Madame Crosby est avec son amie madame Reichberg.

3. Il trouve un message de Janvier.

4. Ils ont pris un taxi.

CHAPITRE 8

1. 1. 8 juillet à huit heures du matin - 2. 7 juillet à minuit. - 3. 7 juillet à quatre heures. - 4. 7 juillet à deux heures et demie.

3. 1. Ils avaient beaucoup d'amis.

2. Il adorait faire rire les gens.

3. Il n'avait pas l'air inquiet de son manque d'argent.

4. La chance était toujours avec lui.

5. Crosby devait quitter sa femme et se marier avec sa maîtresse.

6. Le père de mademoiselle Reichberg était un riche industriel.

CHAPITRE 9

1. 1. b. - 2. a. - 3. a. - 4. c - 5. b.

2. a pensé, serait, souffrait, a obligé, est morte, a connu, a cherché, voyait, était, voulait, regardait, savait, iraient.

3. Positif : gentillesse, amabilité, gaieté, honnêteté, franchise, prévenance.

Négatif : vengeance, haine, orgueil, jalousie, roublardise, mensonge.

Imprimé en France, en juillet 2021, par Imprimerie CHIRAT - 42540 Saint-Just-la-Pendue
N° 202104.0396
Dépôt légal : Février 2012 - Édition 09 - 15/5756/0